树立正确的
权力观、政绩观、事业观

秦　强◎著

人民出版社

责任编辑：洪　琼

图书在版编目（CIP）数据

树立正确的权力观、政绩观、事业观 / 秦强著.
北京 ： 人民出版社，2024. 12. -- ISBN 978 - 7 - 01 - 026909 - 2

Ⅰ. D262. 3

中国国家版本馆 CIP 数据核字第 20244TY196 号

树立正确的权力观、政绩观、事业观
SHULI ZHENGQUE DE QUANLIGUAN ZHENGJIGUAN SHIYEGUAN

秦强 著

人民出版社出版发行
（100706　北京市东城区隆福寺街 99 号）

北京汇林印务有限公司印刷　新华书店经销

2024 年 12 月第 1 版　2024 年 12 月北京第 1 次印刷
开本：710 毫米×1000 毫米 1/16　印张：13.75
字数：220 千字

ISBN 978 - 7 - 01 - 026909 - 2　定价：54.00 元

邮购地址 100706　北京市东城区隆福寺街 99 号
人民东方图书销售中心　电话（010）65250042　65289539

目　录

　　党的十八大以来，以习近平同志为核心的党中央高度重视干部的培养、选拔与任用，始终坚持德才兼备、选贤任能，强调要坚持新时代党的组织路线，建设一支忠诚干净担当的高素质干部队伍。特别是对领导干部树立正确的世界观、人生观、价值观和权力观、政绩观、事业观，习近平总书记更是一以贯之地高度重视，发表了一系列重要讲话，作出一系列重要指示，深刻指出了领导干部树立正确的世界观、人生观、价值观和权力观、政绩观、事业观的重要意义、重要作用，为我们进一步加强干部队伍的素质、能力、作风建设指明了方向。

　　增强推进中国式现代化的精神力量，需要着重从思想上解决好"权力为谁而用、政绩为谁而树、事业为谁而干"这三个前提性问题，树牢权为民所赋、权为民所用的权力观，树牢为民造福、替党分忧的政绩观，树牢为官一任、造福一方的事业观，切实把人民立场作为党和国家事业发展的根本政治立场，把党性教育作为修身养性必修课，把不忘初心、牢记使命作为永恒课题和终身课题，更加自觉地涵养赤子情怀、践行为民初心，始终保持同人民群众的血肉联系，始终同人民群众想在一起、干在一起，风雨同舟、同甘共苦，用领导干部的"辛苦指数"换取人民群众的"幸福指数"，努力创造经得起实践、人民和历史检验的过硬实绩。

　　树立正确的权力观首先就是解决好"官为谁当、权为谁用"的问题。权力是把双刃剑。既可以为公，也可以为私；既可以为善，也可以助虐。正确地行使权力，可以造福人民，保护自己，相反，错误地行使权力，则会祸害党的事业，损害群众的利益，并最终伤害自己。领导干部要牢固树立正确的权力观，常思贪欲之害，常弃非分之想，常修为政之德，以如临深渊、如履薄冰的心态，知敬畏、存戒惧、守底线，坚持公正用权、依法用权、为民用权、廉洁用权，做到秉公用权、谨慎用权、阳光用权、干净用权。

第三章　树立和践行正确的政绩观，始终坚持人民至上…… 90

为官之道，首先政绩观。政绩观是为政之德、从政之道、施政之要。干事创业，必先树牢正确政绩观。政绩为谁而树、树什么样的政绩、靠什么树政绩，不仅影响到领导干部自身健康成长，更关系到党、国家事业兴衰。政绩观是世界观、人生观和价值观在领导干部身上的具体体现，是衡量领导干部履职尽责、干事创业的一把标尺。领导干部要厚植为民情怀，锤炼坚强党性，树牢正确政绩观，把正从政、谋事、创业的"总开关"，扑下身子察实情、谋实招，以深化调查研究推动解决发展难题，真抓实干推动高质量发展，创造出经得起实践、人民和历史检验的实绩。

第四章　树立和践行正确的事业观，切实做到为官一任、

事业观是指对事业方向和事业道路的根本看法，决定着人们追求什么样的事业目标、采取什么样的干事态度、秉持什么样的做事精神和淬炼什么样的素质本领。对领导干部而言，是否树立了正确的事业观，决定着他们在工作中的价值追求和精神状态。树立正确的事业观，就要坚持党的事业第一、人民利益第一、工作需要第一，把为民服

务、干事创业作为自己的价值追求，不慕虚荣，不务虚功，不图虚名，知责于心、担责于身、履责于行，切实以真负责、勇担当、敢斗争的精神，打开工作新局面、开辟事业新天地、谱写未来新篇章。

第五章　永葆为民务实清廉的政治本色…………………… 158

　　为民务实清廉的政治本色是党的初心使命的时代表达，是党的事业兴旺发达的政治根基，是树立和践行正确的权力观、政绩观、事业观的内在要求和必然结果，集中体现了中国共产党人的坚定理想信念、践行性质宗旨、坚守廉洁自律、保持艰苦奋斗等优良品格。树立和践行正确的权力观，必然要恪守清廉要求，牢记权力来自人民，坚持权为民所赋、权为民所用，做到秉公用权、依法用权、谨慎用权、廉洁用权；树立和践行正确的政绩观，必须站稳为民立场，始终坚持以人民为中心的发展思想，把为民造福作为最重要的政绩，集中精力为人民群众办实事，创造出经得起人民认可和历史检验的实绩；树立和践行正确的事业观，必须鲜明务实导向，不搞形式主义、不做表面文章，真抓实干、求真务实，发扬钉钉子精神，不折腾、不反复，切实把工作干出成效来。

忠诚需要坚定信仰，干净需要廉洁用权，担当需要提升能力。忠诚、干净与担当都是共产党员不可或缺的重要品质。当前，中国特色社会主义进入了新时代，我们也已经开启了全面建设社会主义现代化国家新征程，这是一个催人奋进、呼唤担当的新时代，这是一个大有可为、大有作为的新征程。我们要认清形势任务，在知责明责中增强使命感；心系国之大者，在担事任事中当好排头兵；厚植为民情怀，在亲民爱民中涵养公仆心；勇于担当作为，在磨炼淬炼中扛起千钧担；守牢廉洁底线，在敬权慎权中炼就金刚身，切实把忠诚作为从政之魂，把干净作为立身之本，把担当作为成事之要。

前言　增强推进中国式现代化的
　　　精神力量

　　思想是行动的先导，理论是实践的指南，思想观念的变革从来是经济社会发展的先导性力量、决定性因素和关键性环节。中国式现代化是物质文明和精神文明相协调的现代化，不仅包括物质现代化，更包括精神世界现代化。马克思曾说："人是由思想和行动构成的。不见诸行动的思想，只不过是人的影子；不受思想指导和推崇的行动，只不过是行尸走肉——没有灵魂的躯体。"① 由此可见，人的思想观念的现代化不仅是国家现代化的最根本标志，更是人的本质性规定，构成事业发展的核心、社会进步的灵魂、民族复兴的先导。

　　当前，世界百年未有之大变局加速演进，我国发展进入战略机遇和风险挑战并存、不确定难预料因素明显增多的时期。在这个关键节点、特殊时期，我们必须尊重人的主体地位，注重发挥人的主观能动作用，立足实践发展、适应时代变化，乐于学习、勤于思考、善于创新、勇于求变，把"敢"和"干"的劲头调动起来，把"闯"和"创"的精神激发出来，推动广大党员、干部敢为敢

---

　　① 《马克思恩格斯全集》第12卷，人民出版社1962年版，第618页。

干敢闯敢试，争当思想解放的先行者、优良作风的践行者、高质量发展的推动者，以思想大解放、观念大更新、作风大改进、能力大增强，推动效率大提升、环境大优化、发展大跨越、事业大进步。党的二十大明确提出以中国式现代化全面推进中华民族伟大复兴的使命任务，深刻阐述了中国式现代化的中国特色、本质要求和重大原则，发展深化了我们党关于中国式现代化的理论和实践。推进中国式现代化，是一项前无古人的开创性事业，必须保持理论清醒、政治自信、战略主动，进一步解放思想、守正创新，锐意进取、真抓实干，在解放思想中统一思想、在守正创新中改革创新，以顽强斗争精神打开发展新天地，以深化改革开放激发发展新活力，以思想认识新飞跃开创工作新局面，以观念作风新气象谱写事业新篇章，最终实现以中国式现代化全面推进中华民族伟大复兴的使命任务。

干事创业，关键在人。干部是党的事业的骨干，是党和国家事业的中坚力量。领导干部是党和国家大政方针的制定者和执行者，是各项工作决策的最初倡导者和最终决定者，是人民群众建设中国特色社会主义的组织者和领导者。我们党要领导中国特色社会主义事业取得胜利，首要的条件是确立一条符合广大人民群众根本利益和社会客观发展规律的政治路线，这是党的事业顺利发展的根本保证。同时，在制定了正确的政治路线之后，还必须有一大批深刻理解并能够创造性地贯彻执行这条路线的领导骨干，通过他们卓有成效的工作和身体力行的示范，来动员和组织广大党员群众为实现党的政治路线努力奋斗，使正确的路线方针政策落到实处。因此，领导干部作为我们党领导经济建设、政治建设、文化建设、社会建设、生态文明建设各个领域以及经济社会生活各个方面的"关键少数"，其思想观念的新旧、政德品行的优劣、素质水平的高低、能力本领的强弱、工作作风的好坏，直接关系到一个地区、一个部门、一个单位的工作面貌，关系到党和人民群众的关系状况，关系到党的作风、党的形象。

事业要先导，观念须先行。人的思想观念变革是推动党和国家事业高质量发展的先行性因素，必须抓住领导干部这个"关键少数"，教育引导广大领导干部牢固树立正确的世界观、人生观、价值观和权力观、政绩观、事业观，切实解决好思想"总开关"、事业"总抓手"和工作"总闸门"这个根本问题。谋发展、求突破、出实效，最大的拦路虎是思想观念落后，能力水平不足，世界观、人生观、价值观错误，权力观、政绩观、事业观偏差。领导干部思想观念的现代化，首先体现在领导干部的世界观、人生观、价值观上，具体体现在领导干部的权力观、政绩观、事业观上。领导干部的权力观、政绩观、事业观是世界观、人生观、价值观的重要体现和实践呈现。对领导干部来说，权力观、事业观、政绩观三者之间是一个相互影响、不可分割、彼此促进的有机整体关系。权力观是前提，有什么样的权力观，直接影响和决定着什么样的政绩观和事业观；政绩观是关键，有什么样的政绩观，会潜移默化地改变权力运行方向和事业发展价值取向；事业观是体现，有什么样的事业观就意味着有什么样的权力观、政绩观。可以说，权力观、政绩观是事业观的观念基础，事业观是政绩观和权力观的外在表现。

作为改革发展的决策者、各项工作的推动者、抓落实谋突破的先行者，领导干部肩负为人民谋幸福、为民族谋复兴的历史使命，要做敢于斗争、担当实干的"领头雁"，指导工作、推动发展的"指南针"，破解难题、攻坚克难的"助推器"，管党治党、清正廉洁的"实干家"，在非常时期担起非常之责，关键时候尽到关键之力。基于领导干部在党和国家事业发展中的重要地位和突出作用，党中央高度一贯重视领导干部队伍建设，多次强调要大力加强领导干部的思想观念、能力水平和作风建设。毛泽东同志提出："政治路线确定之后，干部就是决定的因素。"① 1977 年 7 月 16 日至 21 日，邓小平同志在党的十届三中全会上指出："我出来工作，可以有两种态度，一个是做官，一个是做点工作。我想，谁叫你当共产党人呢，既然当了，就不能够做官，不能够有私心杂念，不能够有别的选择，应该老老实实地履行党员的责任，听从党的安排。"他还强调："政治路线确立了，要由人来具体地贯彻执行。由什么样的人来执行，是由赞成党的政治路线的人，还是由不赞成的人，或者是由持中间态度的人来执行，结果不一样。"② 2002 年 1 月 25 日，江泽民同志在中央纪委第七次全体会议上指出，"对领导干部来说，打牢思想政治基础，筑严思想政治防线，最根本的就是要牢固树立马克思主义的世界观、人生观、价值观，牢固树立正确的权力观、地位观、利益观。在世界观、人生观、价值观中，世界观是基础，是起决定作用的，有什么样的世界观，就有什么样的人生观、价值观。在权力观、地位观、利益观中，权力观是基础，是起决定作用的，有什么样的权力观，就有什么样的地位观、利益观。领导干部要经常想一想，过去参加革命是为什么，现在当干部应该做什么，将来身后留点什么？想清楚这三个问题，也就是要解决世界观和权力观的问题。"③ 2011 年 7 月 1 日，胡锦涛同志在庆祝中国共产党成立 90 周年大会上指出："年轻干部要承担起事业重任，必须牢固树立正确的世界观、权力观、事业观，做到忠诚党的事业、心系人民群众、专心做好工作、不断完善自己。广大年轻干部

---

① 《毛泽东选集》第二卷，人民出版社 1991 年版，第 526 页。
② 《邓小平文选》第二卷，人民出版社 1994 年版，第 191 页。
③ 《江泽民文选》第三卷，人民出版社 2006 年版，第 419 页。

要自觉到艰苦地区、复杂环境、关键岗位砥砺品质、锤炼作风、增长才干。经过艰苦复杂环境磨练、重大斗争考验、实践证明优秀、有培养前途的大批年轻干部能够不断涌现出来，党和人民事业就大有希望。"①

"为政之要，惟在得人"。习近平总书记继承了党中央高度重视干部队伍建设的优良传统和政治优势，多次强调指出党员干部要牢固树立正确的世界观、人生观、价值观和权力观、政绩观、事业观，为新形势下加强干部队伍建设指明了方向、提供了遵循。其实，早在担任中共中央总书记之前，习近平同志就高度重视党员干部的思想观念的引领作用，多次强调党员干部的权力观、政绩观、事业观问题。在正定主政时期，时任正定县委书记的习近平同志就特别重视领导干部的权力观问题，指出，过去的封建帝王有的尚懂得"得民心者得天下，失民心者失天下"的道理，我们以解放全人类为己任、以实现共产主义伟大理想为目标、以全心全意为人民服务为宗旨的共产党人，就必须把党和人民的利益放在第一位，把人民给我们的权力用于为人民服务。② 在福建工作期间，习近平同志多次强调，我们绝不允许有人利用手中掌握的权力谋私利。当干部的宗旨首先就是讲奉献，就是讲服务，"熊掌和鱼不可兼得"，当干部就不要想发财。③ 强调，我们共产党人的权力无论大小，都是人民给的，也只能受命于人民，为人民谋利益。人民把权力交给了我们，我们在使用权力的时候就要人民放心。④ 强调，当官，当共产党的"官"，只有一个宗旨，就是造福于民。这是

① 《胡锦涛文选》第三卷，人民出版社 2016 年版，第 531 页。
② 习近平：《知之深　爱之切》，河北人民出版社 2015 年版，第 23 页。
③ 习近平：《摆脱贫困》，福建人民出版社 1992 年版，第 9 页。
④ 习近平：《摆脱贫困》，福建人民出版社 1992 年版，第 29 页。

共产党的"官"与旧社会的官的本质区别。造福于民要大公无私。只有无私才能无弊，无弊才能为政公平，使民安居乐业。①在浙江工作期间，习近平同志于 2003 年 6 月 18 日在《浙江日报》"之江新语"栏目发表《不求"官"有多大，但求无愧于民》指出，做人要有人品，当"官"要有"官德"。当干部的，不能老是想着自己的升迁。当干部，不求"官"有多大，但求无愧于民。当干部的，要真正在思想上解决"入党为什么，当'官'做什么，身后留什么"的问题，牢记"两个务必"，真正做到权为民所用、情为民所系、利为民所谋。②强调，必须坚持正确的政绩观，进一步提高执政能力、领导水平，努力创造经得起群众检验、实践检验和历史检验的发展实绩。③强调，树立正确的政绩观必须解决好"政绩为谁而树""树什么样的政绩""靠什么树政绩""如何考核政绩"等问题，着力克服"重始轻终""重短轻长""重显轻隐""重易轻难""重局部轻全局"等"五重五轻"突出问题。④

进入新时代以来，以习近平同志为核心的党中央高度重视干部的培养、选拔与任用，始终坚持德才兼备、选贤任能，强调要坚持新时代党的组织路线，建设一支忠诚干净担当的高素质干部队伍。特别是对领导干部树立正确的世界观、人生观、价值观和权力观、政绩观、事业观，习近平总书记更是一以贯之地高度重视，发表了一系列重要讲话，作出一系列重要指示，深刻指出了领导干部树立正确的世界观、人生观、价值观和权力观、政绩观、事业观的重要

---

① 习近平：《摆脱贫困》，福建人民出版社 1992 年版，第 38 页。
② 习近平：《之江新语》，浙江人民出版社 2007 年版，第 3 页。
③ 习近平：《干在实处　走在前列》，中共中央党校出版社 2006 年版，第 55 页。
④ 习近平：《干在实处　走在前列》，中共中央党校出版社 2006 年版，第 413—415 页。

意义、重要作用，为我们进一步加强干部队伍的素质、能力、作风建设指明了方向。

2015年1月12日，习近平总书记在中共中央党校县委书记研修班学员座谈会上指出，只有理想信念坚定，心中有党、对党忠诚才能有牢固思想基础。理想信念动摇了，那是不可能心中有党的。大家要把学习掌握马克思主义理论作为看家本领，深入学习马克思列宁主义、毛泽东思想，深入学习邓小平理论、"三个代表"重要思想、科学发展观，深入学习十八大以来党的理论创新成果，不断领悟，不断参透，做到学有所得、思有所悟，注重解决好世界观、人生观、价值观这个"总开关"问题，真正做到对马克思主义虔诚而执着、至信而深厚。①

2016年10月17日，习近平总书记在中共十八届六中全会第二次全体会议上指出，欲事立，须是心立。加强思想教育和理论武装，是党内政治生活的首要任务，是保证全党步调一致的前提。党内政治生活出现这样那样的问题，根子还是一些党员、干部理想信念这个"压舱石"发生了动摇，世界观、人生观、价值观这个"总开关"出现了松动。理想信念，源自坚守，成于磨砺。要坚持不懈强化理论武装，毫不放松加强党性教育，持之以恒加强道德教育，教育引导广大党员、干部筑牢信仰之基、补足精神之钙、把稳思想之舵，坚守真理、坚守正道、坚守原则、坚守规矩，明大德、严公德、守私德，重品行、正操守、养心性，做到以信念、人格、实干立身。②

2017年10月18日，习近平总书记在中国共产党第十九次全国代表大会上指出，革命理想高于天。共产主义远大理想和中国特

---

① 《习近平著作选读》第一卷，人民出版社2023年版，第335—336页。
② 《习近平著作选读》第一卷，人民出版社2023年版，第523页。

色社会主义共同理想，是中国共产党人的精神支柱和政治灵魂，也是保持党的团结统一的思想基础。要把坚定理想信念作为党的思想建设的首要任务，教育引导全党牢记党的宗旨，挺起共产党人的精神脊梁，解决好世界观、人生观、价值观这个"总开关"问题，自觉做共产主义远大理想和中国特色社会主义共同理想的坚定信仰者和忠实实践者。①

2018 年 7 月 3 日，习近平总书记在全国组织工作会议上指出，党的十八大以来，我们推进全面从严治党取得了显著成效，但还远未到大功告成的时候。我们党面临的"四大考验""四种危险"是长期的、尖锐的，影响党的先进性、弱化党的纯洁性的因素也是复杂的，党内存在的思想不纯、政治不纯、组织不纯、作风不纯等突出问题尚未得到根本解决。一些老问题反弹回潮的因素依然存在，实践中还在出现一些新情况新问题。在党员、干部队伍中，有的不守政治纪律和政治规矩，妄议中央大政方针，当面一套、背后一套，当两面派、做两面人；有的理想信念"总开关"常年失修，对共产主义心存怀疑，不信马列信鬼神，世界观、人生观、价值观全面蜕变；有的干事创业精气神不够，不担当、不作为，奉行"既不落后头，也不出风头"，怕决策失误，不敢拍板定事，干工作推诿拖延；有的热衷于搞"小圈子""拜码头""搭天线"；有的反对形式主义、官僚主义、享乐主义和奢靡之风不坚决、不彻底，耍花样，搞变通；有的不顾党中央三令五申，依然不收敛、不收手，以权谋私、腐败堕落；有的基层党组织政治功能不强，弱化、虚化、边缘化问题没有解决；有的地方人才队伍发展不平衡不充分、创新创造活力不强，有的引才不切实际，贪大、贪高、贪

---

① 《习近平著作选读》第二卷，人民出版社 2023 年版，第 52 页。

洋；有的地方和单位管党治党意识不强，履行管党治党政治责任不到位，甚至不愿不屑抓党建，等等。这些问题，严重破坏党的团结和集中统一，严重影响党和人民事业发展。①

2019 年 1 月 21 日，习近平总书记在省部级主要领导干部坚持底线思维着力防范化解重大风险专题研讨班上强调，要高度重视对青年一代的思想政治工作，完善思想政治工作体系，不断创新思想政治工作内容和形式，教育引导广大青年形成正确的世界观、人生观、价值观，增强中国特色社会主义道路、理论、制度、文化自信，确保青年一代成为社会主义建设者和接班人。②

2020 年 5 月 22 日，习近平总书记在参加十三届全国人大三次会议内蒙古代表团审议时指出，要把为民造福作为最重要的政绩。中国共产党把为民办事、为民造福作为最重要的政绩，把为老百姓办了多少好事实事作为检验政绩的重要标准。党员、干部特别是领导干部要清醒认识到，自己手中的权力、所处的岗位，是党和人民赋予的，是为党和人民做事用的，只能用来为民谋利。各级领导干部要树立正确的权力观、政绩观、事业观，不慕虚荣，不务虚功，不图虚名，切实做到为官一任、造福一方。③

2020 年 7 月 24 日，习近平总书记在吉林省考察时指出，要贯彻落实好新时代党的组织路线，坚持组织建党和思想建党有机结合，把党的组织优势巩固好、发展好、发挥好。要把红色资源作为坚定理想信念、加强党性修养的生动教材，教育引导广大党员、干部永葆初心、永担使命。要严格把好选人用人政治关、廉洁关、能力关，加强对敢担当、善作为干部的激励保护，教育引导各级领导

---

① 《习近平著作选读》第二卷，人民出版社 2023 年版，第 189—190 页。
② 《习近平著作选读》第二卷，人民出版社 2023 年版，第 245 页。
③ 习近平：《坚持人民至上》，《求是》2022 年第 20 期。

干部树立正确的权力观、政绩观、事业观，力戒形式主义、官僚主义。①

2021 年 3 月 1 日，习近平总书记在 2021 年春季学期中央党校（国家行政学院）中青年干部培训班开班式上强调，年轻干部要刻苦钻研马克思主义基本原理特别是新时代党的创新理论成果，努力掌握蕴含其中的立场观点方法、道理学理哲理，做到知其言更知其义、知其然更知其所以然。要深入学习党的理论创新成果，前后贯通学、及时跟进学，运用党的科学理论优化思想方法，解决思想困惑，检视自身思想作风和精神状态，牢固树立正确的世界观、人生观、价值观和权力观、政绩观、事业观，使自己的思维方式和精神世界更好适应事业发展需要。要坚持实事求是、求真务实，从实际出发谋划事业和工作，使提出的点子、政策、方案符合实际情况、符合客观规律、符合科学精神，以创造性工作把党中央决策部署落到实处。要坚持真抓实干、狠抓落实，一切工作都要往实里做、做出实效，不好高骛远、不脱离实际，力戒形式主义、官僚主义。要把做老实人、说老实话、干老实事作为人生信条，这样才能真正立得稳、行得远。②

2022 年 10 月 16 日，习近平总书记在中国共产党第二十次全国代表大会上指出，完善干部考核评价体系，引导干部树立和践行正确政绩观，推动干部能上能下、能进能出，形成能者上、优者奖、庸者下、劣者汰的良好局面。③

① 《习近平在吉林考察时强调　坚持新发展理念深入实施东北振兴战略　加快推动新时代吉林全面振兴全方位振兴》，《人民日报》2020 年 7 月 25 日。
② 《习近平在中央党校（国家行政学院）中青年干部培训班开班式上发表重要讲话强调　立志做党光荣传统和优良作风的忠实传人　在新时代新征程中奋勇争先建功立业》，《人民日报》2021 年 3 月 2 日。
③ 《习近平著作选读》第一卷，人民出版社 2023 年版，第 55 页。

2023 年 3 月 1 日，习近平总书记在中央党校建校 90 周年庆祝大会暨 2023 年春季学期开学典礼上指出，党校是领导干部锤炼党性的"大熔炉"。各级党校要把党性教育作为教学的主要内容，深入开展理想信念、党的宗旨、"四史"、革命传统、中华民族传统美德、党风廉政等教育，把党章和党规党纪学习教育作为党性教育的重要内容，引导和推动领导干部不断提高思想觉悟、精神境界、道德修养，树立正确的权力观、政绩观、事业观，保持共产党人的政治本色。[①]

2023 年 4 月 3 日，习近平总书记在学习贯彻习近平新时代中国特色社会主义思想主题教育工作会议上指出，这次主题教育，要教育引导广大党员、干部学思想、见行动，树立正确的权力观、政绩观、事业观，增强责任感和使命感，不断提高推动高质量发展本领、服务群众本领、防范化解风险本领，加强斗争精神和斗争本领养成，提振锐意进取、担当有为的精气神。要采取有效措施，着力消除影响干部担当作为的各种消极因素，敢于为担当者担当、为负责者负责、为干事者撑腰，让愿担当、敢担当、善担当蔚然成风，推动广大党员、干部以满腔热忱奋进新征程、建功新时代。[②]

2023 年 8 月 31 日，中共中央政治局召开会议，审议《干部教育培训工作条例》《全国干部教育培训规划（2023—2027 年）》。中共中央总书记习近平主持会议。会议强调，要把深入学习贯彻习近平新时代中国特色社会主义思想作为主题主线，坚持不懈用党的创新理论凝心铸魂、强基固本。要坚持把政治训练贯穿干部成长

[①] 习近平：《在中央党校建校 90 周年庆祝大会暨 2023 年春季学期开学典礼上的讲话》，《求是》2023 年第 7 期。

[②] 习近平：《在学习贯彻习近平新时代中国特色社会主义思想主题教育工作会议上的讲话》，《求是》2023 年第 9 期。

全周期，教育引导干部树立正确的权力观、政绩观、事业观，提高干部政治判断力、政治领悟力、政治执行力。①

2023 年 12 月 21 日至 22 日，中共中央政治局召开学习贯彻习近平新时代中国特色社会主义思想主题教育专题民主生活会，中共中央总书记习近平主持会议并发表重要讲话。习近平总书记强调，领导干部要树牢造福人民的政绩观。我们共产党人干事业、创政绩，为的是造福人民，不是为了个人升迁得失。中央政治局的同志要带头坚持以人民为中心的发展思想，坚持高质量发展，反对贪大求洋、盲目蛮干；坚持出实招求实效，反对华而不实、数据造假；坚持打基础利长远，反对竭泽而渔、劳民伤财。高质量发展是全面建设社会主义现代化国家的首要任务，坚持高质量发展要成为领导干部政绩观的重要内容。要完善推动高质量发展的政绩考核评价办法，发挥好指挥棒作用，推动各级领导班子认真践行正确政绩观，切实形成正确工作导向。②

通过以上关于党员、干部树立正确的世界观、人生观、价值观和权力观、政绩观、事业观的重要论述可以看出，习近平总书记站在新时代推进中国特色社会主义伟大事业的战略高度，对提高党的执政能力和领导水平提出一系列新理念新思想新要求，强调全党同志要不断提高实现伟大目标迫切需要的各种能力，践行新时代党的建设总要求和新时代组织路线，落实好干部标准，牢固树立正确的世界观、人生观、价值观和权力观、政绩观、事业观，不做政治麻木、办事糊涂的昏官，不做饱食终日、无所用心的懒官，不做推诿

---

① 《中共中央政治局召开会议审议〈干部教育培训工作条例〉〈全国干部教育培训规划（二〇二三—二〇二七年）〉》，《人民日报》2023 年 9 月 1 日。
② 《中共中央政治局召开专题民主生活会强调　巩固拓展主题教育成果　为强国建设民族复兴伟业汇聚强大力量》，《人民日报》2023 年 12 月 23 日。

扯皮、不思进取的庸官，不做以权谋私、蜕化变质的贪官。新时代党员、干部要焕发"踏平坎坷成大道"的大无畏精神、"越是艰险越向前"的英勇气概和"狭路相逢勇者胜"的昂扬斗志，踔厉奋发、锐意进取，在大是大非面前头脑清醒、立场坚定，在大风大浪面前挺直腰杆、站稳脚跟，在大战大考面前挺身而出、冲锋在前，以舍我其谁的豪气扛起担当，以攻坚克难的锐气破解难题瓶颈，以担当尽责的勇气应对风险挑战。

伟大的斗争、宏伟的事业，需要高素质干部。党的二十大报告指出："建设堪当民族复兴重任的高素质干部队伍。全面建设社会主义现代化国家，必须有一支政治过硬、适应新时代要求、具备领导现代化建设能力的干部队伍。"① 当前，世界百年未有之大变局加速演进，我国改革发展稳定任务之重、矛盾风险挑战之多、治国理政考验之大都前所未有，迫切需要把各级领导班子和干部队伍管严管实、建好建强，把广大干部的积极性主动性创造性激发好、保护好。从实际情况看，干部队伍整体上是过硬的，在脱贫攻坚、疫情防控、构建新发展格局、推动高质量发展等急难险重任务中冲锋在前、勇于担当，但也存在一些与新时代新征程新任务不适应的现象，尤其是有少数干部不担当、不作为、乱作为，庸懒散躺、推拖绕躲，严重贻误事业发展。必须要以高标准严要求锻造堪当时代重任的执政骨干队伍，激励全党永葆"赶考"的清醒和坚定，依靠顽强斗争打开事业发展新天地。2022 年 9 月 8 日，中共中央办公厅发布新修订的《推进领导干部能上能下规定》第五条明确规定："不适宜担任现职，主要指干部的德、能、勤、绩、廉与所任职务要求不符，不宜在现岗位继续任职。"在该条列举的 15 种不适宜担

① 《习近平著作选读》第一卷，人民出版社 2023 年版，第 54 页。

任现职的情形中，第四种即是"政绩观存在偏差，不能坚持以人民为中心的发展思想，不能准确把握新发展阶段、完整准确全面贯彻新发展理念，在构建新发展格局、推动高质量发展上不积极不作为，搞'形象工程'、'政绩工程'乱作为的"，对此，应当及时予以调整。

2023年党中央印发的《全国干部教育培训规划（2023—2027年）》强调："把党性教育贯穿教育培训全过程，突出党章和党规党纪学习教育，强化政治忠诚教育，加强政治纪律和政治规矩教育，强化民主集中制教育和正确权力观、政绩观、事业观教育，加强斗争精神和斗争本领养成，开展党的全面领导、党的建设等方面培训，提高干部辨别政治是非、保持政治定力、驾驭政治局面、防范政治风险的能力。"2023年8月31日中央政治局会议修订、2023年9月19日党中央发布的《干部教育培训工作条例》第十九条规定："党性教育重点开展理想信念、党的宗旨、革命传统、党风廉政教育。突出党章和党规党纪学习教育，强化政治忠诚教育，加强政治纪律和政治规矩教育，加强斗争精神和斗争本领养成，深入开展党史、新中国史、改革开放史、社会主义发展史、中华民族发展史学习教育，坚持用以伟大建党精神为源头的中国共产党人精神谱系教育干部，加强铸牢中华民族共同体意识教育，开展社会主义核心价值观教育、中华优秀传统文化教育、中华民族传统美德教育，开展政德教育、警示教育，引导党员干部提高思想觉悟、精神境界、道德修养，树立正确的权力观、政绩观、事业观，做到对党忠诚、个人干净、敢于担当，永葆共产党人政治本色。"

干部教育培训是建设高素质干部队伍的先导性、基础性、战略性工程，在推进中国特色社会主义伟大事业和党的建设新的伟大工程中具有不可替代的重要地位和作用。在作为干部教育培训的主要依据和基本遵循的《干部教育培训工作条例》《全国干部教育培训规划（2023—2027 年）》中，都对党员、干部的政治素质、理论水平、执政本领、工作能力提出明确要求，强调要通过干部教育培训，深刻领悟"两个确立"的决定性意义，增强"四个意识"、坚定"四个自信"、做到"两个维护"，坚定理想信念宗旨，全面增强执政本领，目的是培养造就一支政治过硬、适应新时代要求、具备领导社会主义现代化建设能力的高素质干部队伍。在这些诸多要求中，引导和推动领导干部不断提高思想觉悟、精神境界、道德修养，树立正确的权力观、政绩观、事业观，保持共产党人的政治本色，是新形势下党中央对新时代领导干部着重提出的要求，也为广大领导干部增强素质素养、提高本领能力指明了努力方向、提供了根本遵循。

我们党是靠革命理想和铁的纪律组织起来的马克思主义政党，纪律严明是党的光荣传统和独特优势。党的纪律是党的各级组织和全体党员必须遵守的行为规则，作为规范党组织和党员行为的基础性法规，《中国共产党纪律处分条例》在党内法规体系中发挥着重要作用。党的十八大以来，我们党先后于 2015 年、2018 年、2023 年 3 次修订《中国共产党纪律处分条例》，就是要始终坚持严的基调，全面加强党的纪律建设，在全链条全周期全覆盖上持续用力，不断增强自我净化、自我完善、自我革新、自我提高能力。党中央 3 次修订《中国共产党纪律处分条例》，始终坚持严的基调，不断完善纪律规矩，释放了从严治党越来越严、越往后执纪越严的强烈信号，充分彰显了我们党推进自我革命的坚定决心和坚强意志。2023 年 12 月 8 日中共中央政治局会议第三次修订、2023 年 12 月 19 日中共中央发布的《中国共产党纪律处分条例》在总则第二条中明确规定："党组织和党员必须坚守初心使命，牢固树立政治意识、大局意识、核心意识、看齐意识，始终坚定道路自信、理论自信、制度自信、文化自信，切实践行正确的权力观、政绩观、事业观，自觉遵守和维护党章，严格执行和维护党的纪律，自觉接受党的纪律约束，模范遵守国家法律法规。"同时，在分则第六章第五十七条中规定："党员领导干部政绩观错位，违背新发展理念、背离高质量发展要求，给党、国家和人民利益造成较大损失的，给予警告或者严重警告处分；情节较重的，给予撤销党内职务或者留党察看处分；情节严重的，给予开除党籍处分。搞劳民伤财的'形象工程'、'政绩工程'的，从重或者加重处分。"这就意味着新修订的《中国共产党纪律处分条例》不仅在总则中要求党组织和党员"切实践行正确的权力观、政绩观、事业观"，而且在分则政治纪律中也充实党员领导干部政绩观错位，违背新发展理念、背离高质量发展要求的处分规定，使得树立和践行正确的权力观、政绩观、事业观的要求，不再是柔性的道德倡导，而是刚性的纪律约束。

随着世界百年未有之大变局加速演进，世界之变、时代之变、历史之变正以前所未有的方式展开，中华民族伟大复兴进入关键时期，我们面临的风险挑战明显增多。越是在特殊时期、重要节点、关键时刻，我们越要坚持正确方向、保持战略定力、提高本领能力，坚持人民至上、站稳人民立场、坚守为民初心，敢于担当、勇于负责、善于创新，做出实效、干出实绩、落到实处，拿出知重负重的责任担当、敢闯敢试的冲劲魄力、动真碰硬的无畏勇气、雷厉风行的工作作风，一件事情一件事情高效落实，一个节点一个节点接续推进，坚持不懈、矢志不渝、绵绵发力、久久为功，牢固树立正确的权力观、政绩观、事业观，更好地为民用好权、服好务、谋好利，切实把人民对美好生活的向往转化为奋斗目标，全力以赴完成党和国家交办的工作任务。

实践出真知，实践长真才。坚持在干中学、学中干是党员干部成长成才的必由之路。广大党员干部要牢记习近平总书记的谆谆教导和殷殷嘱托，政治上绝对忠诚、思想上紧紧跟随、行动上坚决有力，盯牢世界观的"指南针"、立起人生观的"风向标"、握紧价值观的"方向盘"，夯实权力观的"压舱石"、把稳政绩观的"校对仪"、校准事业观的"定盘星"，把对党忠诚表现在攻坚克难上、把宗旨意识体现在真抓实干中、把使命担当贯穿在干事创业里。成功不会从天降，勇毅笃行是正途。要实现强国建设、民族复兴的宏伟目标，必须坚定理想信念，牢记初心使命，扛起时代责任，敢于拼搏进取。

中华民族的伟大复兴就像是一艘在海中航行的巨型轮船，中国号巨轮要想在苍茫大海中乘风破浪、行稳致远，需要广大党员、干部把稳信念之"舵"、高扬理想之"帆"，奋起自信之"楫"、划实奋斗之"桨"，笃定信仰之"锚"、驾好复兴之"船"。要正确处理好"公与私"的关系，做到大公无私、公私分明、先公后私、公而忘私；正确处理好"上与下"的关系，坚持上接天线、下连民心，把不折不扣落实党中央决策部署与全心全意为人民服务统一起来；正确处理好"大与小"的关系，坚持胸怀"国之大者"与办好"民之小事"相结合，始终把人民对美好生活的向往作为奋斗目标，不断增强人民群众的获得感、幸福感、安全感；正确处理好"远与近"的关系，发扬"功成不必在我"的精神境界，坚定"功成必定有我"的历史担当，多做一些功在当代、利在长远、惠及子孙的事情；正确处理好"尽力而为"与"量力而行"的关系，坚持按规律办事、按规矩做事，做最坏打算、尽最大努力、求最好结果；正确处理好"干净"与"干事"的关系，始终严于律己、严负其责、严管所辖。广大党员、干部要牢固树立正确的世界观、人生观、价值观和权力观、政绩观、事业观，紧密结合思想和工作实际，加强理论学习、提高党性修养、砥砺政治品格、锤炼过硬本领，以忠诚干净担当的实际行动，永葆为民务实清廉的政治本色，在全面建设社会主义现代化国家新征程中奋勇争先、建功立业。

第一章　从思想上解决好权力为谁而用、政绩为谁而树、事业为谁而干的问题

思想是行动的导航仪，理论是实践的指挥棒。有思想上的解放，才有行动上的突围；有意识上的觉悟，才有行动上的自觉；有观念上的破冰，才有实践上的突破；有作风上的改进，才有发展上的前进。我们要想实践上取得进步、发展中取得突破，要想事业开创新格局、发展谱写新篇章，就必须要打破传统认知的"天花板"、破除思维观念的"紧箍咒"、突破利益固化的"旧藩篱"，大胆清除各种不合时宜的思维定式，坚决破除各种制约发展的思想障碍。在全面建设社会主义现代化国家新征程上，我们必须深入

推进改革创新，坚定不移扩大开放，着力破解深层次体制机制障碍，激发改革创新活力，强化正向激励机制，充分调动推进改革的积极性、主动性、创造性，激发闯关夺隘、攻坚克难的精气神，激活千帆竞发、百舸争流的动力源，把激发创新活力同凝聚奋进力量结合起来，不断增强社会主义现代化建设的动力和活力，把我国制度优势更好转化为国家治理效能。增强推进中国式现代化的精神力量，需要着重从思想上解决好"权力为谁而用、政绩为谁而树、事业为谁而干"这三个前提性问题，树牢权为民所赋、权为民所用的权力观，树牢为民造福、替党分忧的政绩观，树牢为官一任、造福一方的事业观，切实把人民立场作为党和国家事业发展的根本政治立场，把党性教育作为修身养性必修课，把不忘初心、牢记使命作为永恒课题和终身课题，更加自觉地涵养赤子情怀、践行为民初心，始终保持同人民群众的血肉联系，始终同人民群众想在一起、干在一起，风雨同舟、同甘共苦，用领导干部的"辛苦指数"换取人民群众的"幸福指数"，努力创造经得起实践、人民和历史检验的过硬实绩。

一、始终坚持以人民为中心

马克思主义认为，人民，只有人民才是创造世界历史的真正动力。人民群众是党的执政根基和力量源泉，人心向背关系党的生死存亡。只要赢得人民信任，我们党就能够克服任何险阻，一往而无前；只要得到人民支持，我们党就能够战胜任何困难，无往而不胜。为中国人民谋幸福，为中华民族谋复兴，是中国共产党人的初心和使命，是激励一代代中国共产党人前赴后继、英勇奋斗的根本动力。"历尽天华成此景，人间万事出艰辛。" 100 多年来，一代又一代中国共产党人在民族危亡之际，凭着革命斗志，靠着坚定信仰，筚路蓝缕，砥砺前行，经历了千难万险，付出了巨大牺牲，为的就是人民幸福。正是因为对初心和使命的矢志坚守，对人民和国家的责任担当，对理想和未来的必胜信念，我们党由建党时的 50 多人发展壮大为现在拥有 9900 多万党员的世界第一大党，创造了"地球上最大的政治奇迹"，建立了不可磨灭的历史功勋，并锻造成为始终走在时代前列、永葆先进性和纯洁性的马克思主义执政党。

《中国共产党章程》明确规定，中国共产党是无产阶级的先锋队，同时又是中国人民和中华民族的先锋队，党的宗旨是全心全意为人民服务，党除了工人阶级和最广大人民群众的利益，没有自己特殊的利益。党在任何时候都把群众利益放在第一位，同群众同甘共苦，保持最密切的联系，坚持权为民所用、情为民所系、利为民所谋，不允许任何党员脱离群众，凌驾于群众之上。马克思恩格斯在《共产党宣言》中就曾经指出："共产党员不是同其他工人政党相对立的特殊政党。他们没有任何同整个无产阶级的利益不同的利益。他们不提出任何特殊的原则，用以塑造无产阶级的运动。"① 毛泽东同志指出："我们共产党人区别于其他任何政党的又一个显著的标志，就是和最广大的人民群众取得最密切的联系。全心全意为人民服务，一刻也不脱离群众，一切从人民的利益出发。"② 毛泽东同志当年提出"为人民服务"时，有人说字数太少了，我们党根本的宗旨怎么用五个字概括呢？毛泽东说超过 10 个字普通群众就记不住了，五个字少了，那就再加四个字，就叫"全心全意为人民服

① 《马克思恩格斯选集》第 1 卷，人民出版社 2012 年版，第 411 页。
② 《毛泽东选集》第三卷，人民出版社 1991 年版，第 1094 页。

务"。邓小平同志指出："工人阶级的政党不是把人民群众当作自己的工具，而是自觉地认定自己是人民群众在特定的历史时期为完成特定的历史任务的一种工具。"① 因此，在实践中能不能把群众利益放在第一位，真正做到权为民所用、情为民所系、利为民所谋，能不能与群众心连心、同群众同甘共苦，真正做到一切为了群众、一切依靠群众，这既是中国共产党与历史上一切剥削阶级及其政治组织的根本区别，也是检验党员、党的干部是否对党忠诚的根本标准。

民心是最大的政治，民生是最大的政绩。党除了最广大人民的根本利益，没有自己任何的特殊利益。对此，共产党人必须要不忘初心、牢记使命，敢于担当、勇于负责，想群众之所想、急群众之所急、忧群众之所忧，切实做到发展为了人民、发展依靠人民、发展成果由人民共享，真正使全体人民在共建共享发展中有更多的获得感、幸福感、安全感。今天，我们比历史上任何时期都更接近中华民族伟大复兴的目标。作为在 14 亿多人口的大国长期执政的大党，我们更要让初心和使命在广大党员干部内心深处铸牢、在思想深处扎根，始终保持中国共产党人的政治本色，永远保持对人民的赤子之心，永葆百年大党的蓬勃朝气。

党的十八大以来，以习近平同志为核心的党中央始终坚持以人民为中心的发展思想，在治国理政一系列重大决策部署和实践中深刻回答了"我是谁、为了谁、依靠谁"这一根本性问题，推动党和国家事业取得了历史性成就、发生历史性变革。从"为人民服务，担当起该担当的责任"的执政理念，到"我将无我，不负人

---

① 《邓小平文选》第一卷，人民出版社 1994 年版，第 218 页。

民"的责任担当；从"江山就是人民、人民就是江山"的庄严宣告，到"人民至上、生命至上"的坚定誓言，习近平总书记以深厚的人民情怀，书写了坚持人民至上的新时代答卷，引领中华民族以不可阻挡的步伐走向伟大复兴。党的二十大报告把"必须坚持人民至上"作为构成习近平新时代中国特色社会主义思想的世界观和方法论的"六个必须坚持"之首，并强调"不断谱写马克思主义中国化时代化新篇章，是当代中国共产党人的庄严历史责任。继续推进实践基础上的理论创新，首先要把握好新时代中国特色社会主义思想的世界观和方法论，坚持好、运用好贯穿其中的立场观点方法"①，强调人民性是马克思主义的本质属性，党的理论是来自人民、为了人民、造福人民的理论，人民的创造性实践是理论创新的不竭源泉。

马克思主义是我们党立党立国的根本指导思想，对马克思主义的信仰，对社会主义和共产主义的信念，是共产党人的政治灵魂。在内容上，马克思主义主要由马克思主义哲学、马克思主义政治经济学和科学社会主义三大部分组成，而马克思主义哲学则包括辩证唯物主义和历史唯物主义，其中，历史唯物主义也称唯物史观，是哲学中关于人类社会发展一般规律的理论。唯物史观认为，历史活动是群众的事业，决定历史发展的是"行动着的群众"。② 因此，人民群众是社会财富的创造者，是社会变革的决定力量。2013 年12 月 3 日，习近平总书记在十八届中央政治局就历史唯物主义基本原理和方法论进行第十一次集体学习时强调，要学习和掌握人民群众是历史创造者的观点，紧紧依靠人民推进改革，坚持把实现好、维护好、发展好最广大人民根本利益作为推进改革的出发点和

① 《习近平著作选读》第一卷，人民出版社 2023 年版，第 15—16 页。
② 《马克思恩格斯全集》第 2 卷，人民出版社 1957 年版，第 104 页。

落脚点，让发展成果更多更公平惠及全体人民。因此，坚持以人民为中心体现了"人民是历史的创造者"的唯物史观，是对马克思主义的继承和发展，是马克思主义中国化最新理论成果的具体思想呈现。

坚持以人民为中心是立党为公、执政为民的内在要求。党的十九大报告明确提出："为什么人的问题，是检验一个政党、一个政权性质的试金石。带领人民创造美好生活，是我们党始终不渝的奋斗目标。"① 党的二十大报告强调："江山就是人民，人民就是江山。中国共产党领导人民打江山、守江山，守的是人民的心。治国有常，利民为本。为民造福是立党为公、执政为民的本质要求。必须坚持在发展中保障和改善民生，鼓励共同奋斗创造美好生活，不断实现人民对美好生活的向往。我们要实现好、维护好、发展好最广大人民根本利益，紧紧抓住人民最关心最直接最现实的利益问题，坚持尽力而为、量力而行，深入群众、深入基层，采取更多惠民生、暖民心举措，着力解决好人民群众急难愁盼问题，健全基本公共服务体系，提高公共服务水平，增强均衡性和可及性，扎实推进共同富裕。"② 党的一切工作必须以最广大人民根本利益为最高标准，把人民放在心中最高位置，实现好、维护好、发展好最广大人民根本利益，把人民拥护不拥护、赞成不赞成、高兴不高兴、答应不答应作为衡量一切工作得失的根本标准，在任何时候任何情况下，与人民同呼吸共命运的立场不能变，全心全意为人民服务的宗旨不能忘，群众是真正英雄的历史唯物主义观点不能丢，始终坚持立党为公、执政为民。

---

① 《习近平著作选读》第二卷，人民出版社 2023 年版，第 37 页。
② 《习近平著作选读》第一卷，人民出版社 2023 年版，第 38 页。

习仲勋："江山就是人民，人民就是江山"

习仲勋同志"英雄一世，坎坷一生"，在革命生涯中，无论身处顺境逆境，始终对党绝对忠诚，以党和国家大局为重，始终心系群众疾苦。他以坚定的党性、实事求是的精神、宽广的胸怀彰显了共产党人的伟大品格，更给广大党员树立了光辉典范。毛泽东曾赞誉习仲勋为"从群众中走出来的群众领袖"，习仲勋也始终以做"人民的忠实勤务员"为己任，坚定地认为党的利益同人民利益是一致的。他是这样说的想的，更是这样做的。密切联系群众是习仲勋一生的优良作风，他视人民群众如父母，始终以炽热之心为人民群众服务。这一特点在西北根据地时期就表现得非常突出。

习仲勋一生参与完成了两大历史使命：一是与刘志丹、谢子长一起，创建了陕甘边革命根据地；另一个则是在邓小平、叶剑英的大力支持、中央的直接领导下创建了经济特区。这两大历史使命，都是围绕人民这个中心，前者是为了人民的解放与自由，后者是为了人民的富裕与幸福。完成这两大使命，都离不开植根人民、服务人民、造福人民所产生的磅礴力量。

习仲勋爱民、知民、为民的赤子情怀，即便经历了"文革"的长期磨难，却久而弥笃。20世纪70年代后期，习仲勋同志主政广东期间，面对经济凋敝、百废待兴的现实，顺应改革开放的时代潮流，团结和带领省委一班人，坚决贯彻党的十一届三中全会精神，解放思想，实事求是，率先向中央提出充分利用国内外有利形势，赋予广东省实行特殊政策、灵活措施，试办特区，让广东在改革开放中"先走一步"的请求。这一建议被中央采纳，经济特区由此而生，"杀出一条血路来"。当年，"逃港风"问题严重，有人说偷渡外逃是阶级斗争的新动向，是犯罪，必须坐牢。习仲勋经过大量调查研究，发现一些群众之所以要偷渡外逃，根源还是在于生存遇到了危机。当时的广东相当穷困：5500万人，1000万人吃不饱，"鱼米之乡"的老百姓几乎既没鱼吃也没米吃；粤北的主食是红薯，而吃的主菜是被称为"无缝钢管"的空心菜。"逃港潮"的一时泛滥，不只是沿海人觉悟出了问题，更是经济上出了问题。因而，习仲勋一方面坚决反对把偷渡外逃的群众视为犯罪分子，另一方面加快改革步伐，推动特区建设，用发展这把钥匙破解温饱问题。这种实事求是的态度、体察民间疾苦的精神，直到今天依然让人感奋，什么是"为民务实"，这就是最好的诠释。

1999年10月1日，在庆祝新中国成立50周年晚会上，江泽民同志来到习仲勋面前，紧紧握着他的手说："真没想到，您老人家的身体这么好，几个活动都参加了，真了不起。今晚天这么冷，您也来了，连个围脖都没戴，您看，我都戴了个围脖。"习仲勋对江泽民说："您更了不起，白天晚上的活动都出席了，心中有群众。您看，这个盛况、这种场面，充分显示了人民是江山，江山就是人民。"

习仲勋一生坚持党的群众路线，把党和人民事业放在心中最高位置，满怀全心全意为人民服务的赤子情怀，以身作则践行共产党人的人民立场。"江山就是人民，人民就是江山"，这不仅是以毛泽东同志为主要代表的老一辈无产阶级革命家留给我们的宝贵财富，也是被中国共产党百年光辉实践充分证明的颠扑不破的真理。

正义是社会制度的首要价值。[①] 坚持公平正义是中国特色社会主义的内在要求，也是我们党的一贯主张，我们党从诞生之日起，就把实现社会公平正义作为一项政治主张和目标，并一直在为实现这一政治主张和目标而奋斗。坚持公平正义必然要求共同富裕，消除贫富差距，防止两极分化。早在改革开放之初，邓小平同志就讲过："让一部分人、一部分地区先富起来，大原则是共同富裕。一部分地区发展快一点，带动大部分地区，这是加速发展、达到共同富裕的捷径。"[②] "社会主义的目的就是要全国人民共同富裕，不是两极分化。如果我们的政策导致两极分化，我们就失败了；如果产生了什么新的资产阶级，那我们就真是走了邪路了。"[③] 进入新时代以后，我们党更加注重共同富裕和公平正义，强调要随时随刻倾听人民呼声、回应人民期待，保证人民平等参与、平等发展权利，维护社会公平正义，在学有所教、劳有所得、病有所医、老有所养、住有所居上持续取得新进展，不断实现好、维护好、发展好最广大人民根本利益，使发展成果更多更公平惠及全体人民，在经济社会不断发展的基础上，朝着共同富裕方向稳步前进。2015年10月29日，习近平总书记在党的十八届五中全会第二次全体会议上指出，我们必须坚持发展为了人民、发展依靠人民、发展成果由人民共享，作出更有效的制度安排，使全体人民朝着共同富裕方向稳步前进，绝不能出现"富者累巨万，而贫者食糟糠"的现象。党的二十大报告专门把"全体人民共同富裕的现代化"作为中国式现代化的五大特征之一，强调"共同富裕是中国特色社会主义的本质要求，也是一个长期的历史过程。我们坚持把实现人民对美好

---

① ［美］罗尔斯：《正义论》，何怀宏等译，中国社会科学出版社2001年版，第1页。
② 《邓小平文选》第三卷，人民出版社1993年版，第166页。
③ 《邓小平文选》第三卷，人民出版社1993年版，第110—111页。

生活的向往作为现代化建设的出发点和落脚点，着力维护和促进社会公平正义，着力促进全体人民共同富裕，坚决防止两极分化"。①因此，推进社会主义现代化建设，必须要坚持公平正义的发展取向，不断满足人民日益增长的美好生活需要，不断促进社会公平正义，形成有效的社会治理、良好的社会秩序，使人民获得感、幸福感、安全感更加充实、更有保障、更可持续。而要想实现这个主张和目标，就必须坚持以人民为中心的发展思想，始终把人民利益摆在至高无上的地位，让改革发展成果更多更公平惠及全体人民，朝着实现全体人民共同富裕不断迈进，努力做到共同富裕路上，一个都不能少，一个也不能掉队。

从内容上看，坚持以人民为中心是习近平新时代中国特色社会主义思想科学体系的重要组成部分。党的十九大最重大的理论成果是确立了习近平新时代中国特色社会主义思想，实现了马克思主义中国化新的飞跃，为完成"两个一百年"的奋斗目标提供了强大思想武器。党的二十大把习近平新时代中国特色社会主义思想的主要内容概括为"十个明确""十四个坚持""十三个方面成就"，用"六个必须坚持"概括了习近平新时代中国特色社会主义思想的世界观、方法论和贯穿其中的立场观点方法，标志着习近平新时代中国特色社会主义思想已经形成了具有严密逻辑、丰富内涵、完整系统的科学理论体系。从内容关系上看，"坚持以人民为中心"不仅是习近平新时代中国特色社会主义思想的重要内容，构成了新时代中国特色社会主义发展战略安排的灵魂主线；同时"必须坚持人民至上"，也构成了习近平新时代中国特色社会主义思想的世界观、方法论和贯穿其中的立场观点方法的重要内容，成为理解和

---

① 《习近平著作选读》第一卷，人民出版社 2023 年版，第 19 页。

运用习近平新时代中国特色社会主义思想的一把金钥匙。对此，党的二十大报告专门强调，人民性是马克思主义的本质属性，党的理论是来自人民、为了人民、造福人民的理论，人民的创造性实践是理论创新的不竭源泉。一切脱离人民的理论都是苍白无力的，一切不为人民造福的理论都是没有生命力的。我们要站稳人民立场、把握人民愿望、尊重人民创造、集中人民智慧，形成为人民所喜爱、所认同、所拥有的理论，使之成为指导人民认识世界和改造世界的强大思想武器。[①]

树政绩的根本目的是为人民谋利益

能否坚持求真务实，为人民群众真心诚意办实事，坚持不懈做好事，尽心竭力解难事，与领导干部的政绩观、发展观是否正确、是否科学有密切关系。

对领导干部来说，为一方经济社会发展，为一方百姓造福，应该有政绩，也必须追求政绩。共产党人的政绩，就是做得人心、暖人心、稳人心的事，就是解决群众最关心、最迫切需要解决的问题，就是全面建设小康社会，促进人的全面发展。树政绩的根本途径是将人民群众的眼前利益和长远利益结合起来，尊重客观规律，按客观规律办事，脚踏实地地工作；树政绩的根本目的是为人民谋利益。一个干部树政绩如果是为了给自己留名，替自己立碑，为自己邀官，这样的干部就根本做不到求真务实，根本不可能对群众负责，根本不可能专心致志抓落实。当然，政绩观与发展观紧密相关。科学的发展观引导正确的政绩观，正确的政绩观实践科学的发展观。一定要坚

[①] 《习近平著作选读》第一卷，人民出版社 2023 年版，第 16 页。

持以人为本，树立科学的发展观、正确的政绩观和群众观，努力在为民动真情、谋利出实招中，把"立党为公、执政为民"的本质要求落到实处。

——习近平：《之江新语》，浙江人民出版社 2007 年版，第 34 页

坚持以人民为中心具有丰富的思想内涵，其核心要义可以概括为：一切为了人民，一切依靠人民，一切成果由人民共享。贯彻落实坚持以人民为中心的基本方略，必须要坚持人民至上原则，提高政治站位，拓宽理论视野，从政治立场、价值取向、发展思想和工作导向四个层面来全面理解坚持人民为中心的丰富内涵。

一是站稳以人民为中心的政治立场。人类社会一切活动的根本目的，首先是为了人类自身过得更美好。但人又是分政治阶级、社会阶层的，不同国家、不同政党在"为了谁"问题上的政治立场是不同的。因此，为了谁、由谁享有的问题，是发展首先要解决的根本问题，也是衡量一个政党、一个国家性质的试金石。对我们党来说，人民立场是党的根本政治立场，人民性也是党的根本政治属性。之所以反复强调要坚持以人民为中心的政治立场，是因为党的合法性源自历史，是人心向背决定的，是人民的选择。因此，我们党的理想信念宗旨决定了人民立场是党的根本政治立场，全心全意为人民服务是党的根本宗旨，群众路线是党的生命线和根本工作路线，必须要不忘初心、牢记使命，永远保持对人民的赤子之心，坚持问政于民、问需于民、问计于民，始终把实现好、维护好、发展好最广大人民根本利益作为党的根本政治立场。人心是最大的政治，民心是最坚实的依靠，初心是最根本的追求。讲政治就必须牢牢站稳政治立场。人民立场是中国共产党的根本政治立场，衡量讲

政治的根本标准是看人民高兴不高兴、答应不答应、满意不满意。北宋思想家张载著名的"横渠四句"说："为天地立心，为生民立命，为往圣继绝学，为万世开太平。"意思是，知识分子的政治抱负是为社会构建精神价值观，赋予民众生命的意义，继承发扬先贤即将消失的学问，为万世开辟永久太平的基业。新时代共产党人的讲政治，就必须要坚持一脉相承的人民立场、一如既往的赤子情怀、一以贯之的价值追求，坚持一切为了人民、一切依靠人民，紧扣民心这个最大的政治，把赢得民心民意、汇集民智民力作为重要着力点，同人民想在一起、干在一起，始终保持党同人民群众的血肉联系。

二是把牢以人民为中心的改革取向。改革开放是决定当代中国命运的关键一招，也是实现中华民族伟大复兴的关键一招。但进入全面深化改革时期后，改革并不是皆大欢喜、人人受益的"帕累托改进"，改革总是要涉及利益格局的调整和价值立场的选择，肯定会困难连连、阻力重重。党的十八大以来，习近平总书记以敢于啃硬骨头、敢于涉险滩的担当和勇气，革故鼎新、涤除时弊，坚决破除各方面体制机制弊端，坚决突破利益固化的藩篱，形成了一大批改革理论成果、制度成果、实践成果。党的十八届三中全会吹响了全面深化改革的号角，进一步坚定了改革方向，那就是，无论改什么、改到哪一步，坚持党对改革的集中统一领导不能变，完善和发展中国特色社会主义制度、推进国家治理体系和治理能力现代化的总目标不能变，坚持以人民为中心的改革价值取向不能变。对此，2015年2月27日，习近平总书记在主持召开中央全面深化改革领导小组第十次会议时专门指出，要把改革方案的含金量充分展示出来，让人民群众有更多获得感，让改革发展成果更多更公平惠及全体人民，朝着实现全体人民共同富裕不断迈进。这其实体现的就是坚持以人民为中心的改革价值取向，使得新时代中国特色社会主义的政治立场更加鲜明、价值目标更加集中。

三是践行以人民为中心的发展思想。发展是硬道理，是增进人民福祉、促进社会进步的根本途径，是解决中国所有问题的关键，必须坚定不移把发展作为党执政兴国的第一要务，坚持解放和发展社会生产力，坚持社会主义市场经济改革方向，推动经济持续健康发展。"蛋糕"不断做大了，同时还要把"蛋糕"分好，要在不断发展的基础上尽量促进社会公平正义，使得改革发展真正体现坚持以人民为中心。首先，要把人民对美好生活的向往作为奋斗目标，不断满足人民日益增长的美好生活需要，不断增强人民的获得感、幸福感、安全感，不断推进全体人民共同富裕。其次，要以促进社会公平正义、增进人民福祉为出发点和落脚点，加大协调各方面利益关系的力度，推动发展成果更多更公平惠及全体人民，朝着共同富裕方向稳步前进。最后，要坚持在发展中保障和改善民生，在全体人民共同奋斗、经济社会发展的基础上，加紧建设对公平正义具有重大作用的社会保障制度，逐步建立社会保障体系。增进民生福祉是发展的根本目的，改善民生是以人民为中心思想的应有之义，必须多谋民生之利、多解民生之忧，在发展中补齐民生短板，不断促进社会公平正义，最终实现人的全面发展、全体人民共同富裕。

四是秉持以人民为中心的工作导向。不论是政治立场、改革取向，还是发展思想，最终都要落脚到具体工作上。因此，在实际工作中坚持以人民为中心，就要把党的群众路线贯彻到治国理政全部活动之中，将坚持以人民为中心的思想落实到经济社会发展的各个环节，为人民服务、为人民担当，敢于较真碰硬、敢于直面困难，自觉把使命放在心上、把责任扛在肩上。对此，习近平总书记在多个重要会议上发表了多次重要讲话，反复强调要坚持以人民为中心的工作导向。例如，在 2013 年 8 月 19 日的全国宣传思想工作会议上强调树立以人民为中心的工作导向，多宣传报道人民群众的伟大奋斗和火热生活，满足人民精神需求；在 2014 年 1 月 7 日的中央政法工作会议上强调要把人民群众的事当作自己的事，把人民群众的小事当作自己的大事，为人民群众安居乐业提供有力法律保障；在 2014 年 10 月 15 日的文艺工作座谈会上强调要坚持以人民为中心的创作导向，把满足人民精神文化需求作为文艺和文艺工作的出发点和落脚点，把为人民服务作为文艺工作者的天职；在 2016 年 2 月 19 日党的新闻舆论工作座谈会上强调要坚持以人民为中心的工作导向，坚持党性和人民性相统一，把党的理论和路线方针政策变成人民群众的自觉行动；在 2016 年 5 月 17 日的哲学社会科学工作座谈会上强调要坚持以人民为中心的研究导向，脱离了人民，哲学社会科学就不会有吸引力、感染力、影响力、生命力。通过这些重要讲话可以看出，坚持以人民为中心是习近平新时代中国特色社会主义思想一以贯之的灵魂主线和价值理念，我们要深刻领会习近平新时代中国特色社会主义思想的精神实质和丰富内涵，在各项具体工作中全面准确地予以贯彻落实。

　　坚持以人民为中心的这四个内涵是层层递进的逻辑统一关系，四者共同统一于新时代中国特色社会主义的伟大实践之中。其中，站稳以人民为中心的政治立场是前提，决定了新时代中国特色社会主义伟大事业的改革取向、发展思想和工作导向；把牢以人民为中心的改革取向是关键，指明了新时代中国特色社会主义建设新征程的道路航向；践行以人民为中心的发展思想是核心，回答了新时代中国特色社会主义"为了谁"的这个根本问题；秉持以人民为中心的工作导向是保证，体现了新时代坚持和发展中国特色社会主义的实干精神和实践面向。坚持以人民为中心，并不是一个抽象的、玄奥的概念，不能只停留在口头上、止步于思想环节，而是要体现在经济社会发展各个环节，体现在习近平新时代中国特色社会主义思想和基本方略之中，体现在党中央治国理政新理念新思想新战略的具体实践之中。

办好中国的事情，关键在党，关键在党要管党、全面从严治党。党的十九大报告指出，我们党来自人民、植根人民、服务人民，一旦脱离群众，就会失去生命力。[1] 党的二十大报告强调，我们党作为世界上最大的马克思主义执政党，要始终赢得人民拥护、巩固长期执政地位，必须时刻保持解决大党独有难题的清醒和坚定。[2] 我们党的最大政治优势是密切联系群众，党执政后的最大危险是脱离群众。党风问题、党同人民群众联系问题是关系党生死存亡的问题。因此，深入推进新时代党的建设新的伟大工程，必须体现坚持以人民为中心的本质要求，紧紧围绕保持党同人民群众的血肉联系，增强群众观念和群众感情，不断厚植党执政的群众基础。

"必须时刻保持解决大党独有难题的清醒和坚定"

经过 100 多年发展，中国共产党已经拥有 9900 多万名党员、517.6 万个基层党组织，成为具有全球影响力的世界最大马克思主义政党。大就要有大的样子，同时大也有大的难处。把这么大的一个党管好很不容易，把这么大的一个党建设成为坚强的马克思主义执政党更不容易。党的历史越长、执政时间越久、取得成就越大，就越要居安思危、未雨绸缪。只有冷静全面审视自身，时刻保持"清醒"，才能跳出"其兴也浡焉，其亡也忽焉"的历史周期率。在党的二十大报告中，习近平

---

① 《习近平著作选读》第二卷，人民出版社 2023 年版，第 54 页。
② 《习近平著作选读》第一卷，人民出版社 2023 年版，第 52 页。

总书记告诫全党："我们党作为世界上最大的马克思主义执政党，要始终赢得人民拥护、巩固长期执政地位，必须时刻保持解决大党独有难题的清醒和坚定。"2023 年 1 月，习近平总书记在二十届中央纪委二次全会上的重要讲话中，对"大党独有难题"进行了专门论述：如何始终不忘初心、牢记使命，如何始终统一思想、统一意志、统一行动，如何始终具备强大的执政能力和领导水平，如何始终保持干事创业精神状态，如何始终能够及时发现和解决自身存在的问题，如何始终保持风清气正的政治生态，都是我们这个大党必须解决的独有难题。

二、起决定性作用的是党性

党性是党员干部立身、立业、立言、立德的基石，加强党性修养是党员干部修身养性必修课。中国共产党既是中国工人阶级的先锋队，也是中国人民和中华民族的先锋队，党员领导干部作为"关键少数"，必须带头加强党性锻炼、党性修养，时时刻刻处处讲党性、重品行、作表率。严肃的党性修养、正确的价值取向、严密的组织纪律、牢固的党群关系，是党的性质和宗旨的基本要求，是全面落实党的纲领和路线方针政策的重要保障，也是正确行使权力、正确建立政绩、正确干事创业的政治保证。它们既相互作用，又互为因果，是一个有机的统一整体。习近平总书记在 2022 年春季学期中央党校（国家行政学院）中青年干部培训班开班式上强调，树立和践行正确政绩观，起决定性作用的是党性。共产党人必须牢记，为民造福是最大政绩。我们谋划推进工作，一定要坚持全心全意为人民服务的根本宗旨，坚持以人民为中心的发展思想，坚持发展为了人民、发展依靠人民、发展成果由人民共享，把好事实事做到群众心坎上。什么是好事实事，要从群众切身需要来考量，不能主观臆断，不能简单化、片面化。哪里有人民需要，哪里就能做出好事实事，哪里就能创造业绩。业绩好不好，要看群众实际感受，由群众来评判。有些事情是不是好事实事，不能只看群众眼前的需求，还要看是否会有后遗症，是否会"解决一个问题，留下十个遗憾"。① 树立和践行正确的政绩观是如此，树立和践行正确的权力观和事业观同样是如此。在党员干部的权力观、政绩观、事业观的塑造过程中，起决定性作用的是党性原则、人民立场。因此，党员干部在研究决策、指导工作中，首先要从思想上提高政治站位、站稳政治立场，把党、国家和人民的利益高于一切，牢固树立正确的权力观、政绩观、事业观，顾全大局，服从大局、维护大局，坚决反对小团体主义、部门利益主义、地方利益主义，自觉把本地区本单位本部门的工作放到全局之中来考虑、来摆布，不能为了局部利益而损害全局利益。特别是要拓展格局视野，胸怀"国之大者"，想国家之所想、急国家之所急、应国家之所需，善于抓大事，不被一些无关大局的小事缠住手脚，以至"一叶障目，不见泰山"，捡了芝麻，丢了西瓜，偏离正确的政治方向。

从性质上看，党性是一个政党的灵魂，是一个党区别于其他党的根本属性。我们党的性质及其在长期的革命和建设的实践中所形成的区别于其他政党的特点，其实就是我们党的党性，也是每一个共产党员所应具有的根本品格。中国共产党的党性具有先进性、实践性、时代性的突出特征。

---

① 《习近平在中央党校（国家行政学院）中青年干部培训班开班式上发表重要讲话强调　筑牢理想信念根基树立践行正确政绩观　在新时代新征程上留下无悔的奋斗足迹》，《人民日报》2022年3月2日。

一是先进性。先进性是中国共产党党性的根本特质，党的长期执政能力建设、先进性和纯洁性建设是党的建设的永恒主题。党的先进性，最终要靠千千万万共产党员的先进性来体现。党的先进性是历史的、具体的，在不同的历史时期，有着不同的具体标准。革命时期，共产党员的先进性集中体现在为中华民族的独立和中国人民的解放事业英勇斗争上。改革开放和社会主义现代化建设新时期，共产党员的先进性集中体现在努力实践中国特色社会主义理论，身体力行党在社会主义初级阶段的路线和纲领，为推进社会主义现代化建设发挥先锋模范作用上。在新时代衡量一名共产党员、一名领导干部是否具有先进性的客观标准，是看他能否坚持全心全意为人民服务的根本宗旨，能否吃苦在前、享受在后，能否勤奋工作、廉洁奉公，能否为理想而奋不顾身去拼搏、去奋斗、去献出自己的全部精力乃至生命。

二是实践性。实践品格是我们党党性的一个显著特征，实践也是我们加强党性锻炼、党性修养的必由之路。共产党员加强党性修养，不能闭门修身养性，不能坐而论道，必须在党的各项工作实践中不断进行磨炼。理想是精神的旗帜，实践是指路的明灯，实现理想目标就要一步一个脚印地去干。共产党员的先进性，最终要体现在具体工作中。在本职工作中走在前、作表率，尽心竭力为党和人民干更多更好的工作，做更多更实的事，是党员的基本义务。空谈误国、实干兴邦，每一名共产党员都要自觉向党的理论和路线方针政策看齐，在本职岗位上脚踏实地干实事，确保党中央的各项决策部署在基层得到不折不扣的贯彻和落实，这样才无愧于党的培养教育，才无愧于共产党员的光荣称号。

三是时代性。在不同的历史时期和历史阶段，党的纲领和路线会随着时代发展和任务变化而调整，因而，在不同历史时期，党员的先进性要求也会因为形势的发展和任务的变化而随之发生变化，党员的党性修养和党性的具体内容也会随之发展变化。革命战争年代，英勇奋斗、不怕牺牲的江姐、刘胡兰、董存瑞等是先进共产党员的杰出代表。社会主义建设时期，全心全意为人民服务的焦裕禄、铁人王进喜、雷锋等是先进共产党员的杰出代表；改革开放以来，脚踏实地、勤奋工作的孔繁森、牛玉儒、郑培民、任长霞、廖俊波等是先进共产党员的杰出代表。在这些先进共产党员身上，都体现着具有鲜明时代特征的光辉党性。

加强党性修养是党的建设的永恒课题，也是党员干部一生的必修课。习近平总书记深刻指出："马克思主义政党的先进性和纯洁性不是随着时间推移而自然保持下去的，共产党员的党性不是随着党龄增长和职务提升而自然提高的。初心不会自然保质保鲜，稍不注意就可能蒙尘褪色，久不滋养就会干涸枯萎，很容易走着走着就忘记了为什么要出发、要到哪里去，很容易走散了、走丢了。"[①]世情国情党情变化越复杂、风险考验越大，就越要加强党性修养。党员干部有没有坚定的理想信念，有没有敢于斗争的革命精神，有没有善于自我净化的过硬特质，是决定党兴衰成败的关键因素。

坚持党性原则是共产党人的根本政治品格，是党的工作的根本要求，必须坚持党的原则第一、党的事业第一、人民利益第一，在党言党、在党忧党、在党为党，把爱党、忧党、兴党、护党落实到工作各个环节。坚持党性原则，关键是立规矩、讲规矩、守规矩。哪些事能做、哪些事不能做，哪些事该这样做、哪些事该那样做，都要规定得明明白白，让制度、纪律成为带电的"高压线"，使党员、干部心有所畏、言有所戒、行有所止。坚持党性的核心就是坚

[①] 《习近平著作选读》第二卷，人民出版社 2023 年版，第 298 页。

持正确政治方向，站稳政治立场。旗帜鲜明讲政治最根本就是要讲党性，在思想政治上讲政治立场、政治方向、政治原则、政治道路，在行动实践上讲维护党中央权威、执行党的政治路线、严格遵守党的政治纪律和政治规矩，政治上绝对可靠，对党绝对忠诚。

时代楷模廖俊波：
谁把人民扛在肩上，人民就把谁装进心里

廖俊波（1968年8月—2017年3月18日），男，汉族，1968年8月出生，福建浦城县人，1990年8月参加工作，1992年7月加入中国共产党，中央党校研究生学历。廖俊波同志生前是福建省南平市委常委、南平市人民政府副市长、党组成员，武夷新区党工委书记，曾任政和县县委书记，2015年6月被中央组织部授予"全国优秀县委书记"称号。2017年3月18日，廖俊波同志在赶往武夷新区主持召开会议途中不幸发生车祸，因公殉职。

廖俊波牢固树立正确的权力观、政绩观、事业观，坚决贯彻党中央决策部署，面对贫困县、革命老区、经济发展长期全省倒数第一的政和县，不打退堂鼓，不当太平官，把担当放在首位，率领全县党员干部撸起袖子加油干，用勤奋、实干、严谨描绘出一幅幅美丽画卷，成为新时期共产党人的楷模。廖俊波对群众充满感情，始终惦记着群众的冷暖安危。在政和县工作的几年，在群众最关切的脱贫攻坚、教育医疗、基础设施等方面都交出了一份出色答卷，全县贫困人口减少了3万多人，脱贫率达69.1%。他把群众当亲人，用心用情为群众办实事、解难事，用自己的"辛勤指数"换来群众的"幸福指数"。短短4年，政和县山乡巨变，财政总收入、GDP、固定资产投

资、规模以上工业产值等都实现了极大的增长，一个全新的生机勃勃的政和展现在人们面前。廖俊波经历的岗位，都是"背石头上山"的重活累活，需要比别人付出更多的艰辛和努力。但他始终把工作当事业干，乐在其中，总有使不完的劲。在政和县任职期间，创造了在传统农业县建起省级工业园区的"政和速度"。离开政和时，全县财政总收入翻了两倍多，连续3年进入全省县域经济发展"十佳"，实现了贫困县脱胎换骨的蜕变。他敢于担当、勇于创新，经常鼓励干部："只要是为了发展、为了群众就大胆去干，有责任我来担。"廖俊波把"肝胆干事、干净做人"作为座右铭。只要"朋友关系"、不要"利益关系"，是他做人和交友的原则。他到武夷新区任职后公开表态："谁要是打着我的旗号搞工程，你们要马上拒绝，我没有这样的亲戚。"生活中，他始终廉洁自守，加班熬夜是常态，却从不给自己开小灶。他十分注重家教家风，爱人工作27年，2017年仍然在教学第一线。一家人都住在普通居民楼里，家中装修简朴、陈设简单。同事朋友们都说，他浑身阳光、清澈透亮，满满的都是正能量。

2017年3月31日，习近平总书记对廖俊波同志先进事迹作出重要指示强调，廖俊波同志任职期间，牢记党的嘱托，尽心尽责，带领当地干部群众扑下身子、苦干实干，以实际行动体现了对党忠诚、心系群众、忘我工作、无私奉献的优秀品质，无愧于"全国优秀县委书记"的称号，广大党员、干部要向廖俊波同志学习，不忘初心、扎实工作、廉洁奉公，身体力行把党的方针政策落实到基层和群众中去，真心实意为人民造福。

　　旗帜鲜明讲政治是马克思主义政党的鲜明特征和本质要求。坚持正确政治方向的首个要义就是坚持和加强党中央集中统一领导，坚持不懈用习近平新时代中国特色社会主义思想凝心铸魂，深刻领悟"两个确立"的决定性意义，增强"四个意识"、坚定"四个自信"、做到"两个维护"，把党的全面领导落实到党和国家事业各领域各方面各环节，确保党和国家各项事业始终沿着正确政治方向发展。政治方向是中国共产党生存发展第一位的问题，事关党的前途命运和事业兴衰成败。我们党所要坚守的正确政治方向，就是共产主义远大理想和中国特色社会主义共同理想，就是全面建设社会主义现代化国家、全面推进中华民族伟大复兴奋斗目标，就是党的理论和路线方针政策。对每一名中国共产党党员来说，坚持正确政治方向，就要始终以党的旗帜为旗帜、以党的方向为方向、以党的意志为意志，始终做到在党言党、在党忧党、在党为党，任何时候都与党同心同德、同向同行。

　　纵观我们党的百年发展历史，就是一部不断推进马克思主义中国化时代化的历史，就是一部不断推进理论创新、进行理论创造的历史。作为马克思主义中国化时代化的最新成果，习近平新时代中国特色社会主义思想是党的创新理论的集中体现，是当代中国马克思主义、二十一世纪马克思主义，是统揽推进"四个伟大"、实现民族复兴伟业的思想旗帜和行动指南。坚持不懈用习近平新时代中国特色社会主义思想武装头脑、指导实践、推动工作，是各级党组织和全体党员干部的头等大事。在以习近平同志为核心的党中央掌舵领航下，我们已经踏上了全面建设社会主义现代化国家的新征程。新征程上，我们更需要以习近平新时代中国特色社会主义思想为指导，在学懂弄通做实上下功夫、在学深悟透践行上下功夫、在深化内化转化上下功夫，切实把理论学习的丰硕成果转化为干事创业的实际成效，向着实现第二个百年奋斗目标奋勇前进。

旗帜指引方向，道路决定命运。坚持正确政治方向是我们党攻坚克难、勇毅前行的根本前提和重要保障。100 多年来，正因为我们党有正确政治方向，有党的坚强领导，有革命先辈的无私奉献，有全体人民的团结奋斗，"中华号"巨轮才能乘风破浪、奋勇前行。新时代十年，我们坚持加强党的全面领导和党中央集中统一领导，就党和国家事业发展的战略性、根本性、方向性问题作出一系列重大部署，取得了丰硕成果：不仅打赢脱贫攻坚战，全面建成小康社会，经济实力、科技实力、综合国力更是跃上新台阶。2013年至 2021 年，我国国内生产总值年均增长 6.6%，对世界经济增长的平均贡献率超过 30%。全社会研发投入从 2012 年的 1.03 万亿元增长到 2021 年的 2.79 万亿元，科技创新事业不断向前发展。中国特色大国外交全方位推进，人类命运共同体理念深入人心，中国在国际社会的影响力、感召力、塑造力显著提升。迈上新征程，我们要更加紧密团结在以习近平同志为核心的党中央周围，坚定信心、同心同德、埋头苦干，把老一辈革命家开创的伟大事业继续推向前进，不断谱写以中国式现代化全面推进中华民族伟大复兴的崭新篇章。

从思想上解决好权力为谁而用、政绩为谁而树、事业为谁而干的问题，牢固树立正确的权力观、政绩观、事业观，首先需要解决好党性和人民性的关系问题。2013 年 8 月 19 日，习近平总书记在全国宣传思想工作会议上指出，党性和人民性从来都是一致的、统一的。坚持党性，核心就是坚持正确政治方向，站稳政治立场，坚定宣传党的理论和路线方针政策，坚定宣传中央重大工作部署，坚定宣传中央关于形势的重大分析判断，坚决同党中央保持高度一致，坚决维护党中央权威。所有宣传思想部门和单位，所有宣传思想战线上的党员、干部都要旗帜鲜明坚持党性原则。坚持人民性，就是要把实现好、维护好、发展好最广大人民根本利益作为出发点和落脚点，坚持以民为本、以人为本。① 2016 年 2 月 19 日，习近平总书记在党的新闻舆论工作座谈会上讲话指出，坚持党性原则，必须加深对党性和人民性关系的认识。在中国共产党领导的社会主义中国，党性和人民性是一致的、统一的。我们党以全心全意为人民服务为根本宗旨，没有自己的特殊利益，体现党的意志就是体现人民的意志，宣传党的主张就是宣传人民的主张，坚持党性就是坚持人民性。党性寓于人民性之中，没有脱离人民性的党性，也没有脱离党性的人民性。那些"你是替党讲话，还是替老百姓讲话""你是站在党的一边，还是站在群众一边"的论调，把党性和人民性对立起来，在思想上是糊涂的，在理论上是错误的，在实践上是有害的。②

"你是替党说话，还是替老百姓说话？"

2009 年 6 月 17 日，中国之声《新闻纵横》报道，河南郑州市须水镇西岗村原本被划拨为建设经济适用房的土地上，竟然被开发商建起了 12 幢连体别墅和两幢楼中楼。有村民向有关部门反映了这一情况，但郑州市规划局态度却极为冷淡。中国之声记者在郑州市规划局信访接待日这天，拿着他们出具给村民的信访意见书，来到了规划局。几经波折，记者来到了主管信访工作的副局长逯军的办公室，将他们出具的信访处理意见书递了过去。一看到记者，逯军就要求检查记者的采访设备，在拔掉了采访机话筒之后，他的第一句话居然是："你们

---

① 《习近平著作选读》第一卷，人民出版社 2023 年版，第 148 页。
② 《习近平著作选读》第一卷，人民出版社 2023 年版，第 452 页。

广播电台管这闲事干什么？"当记者要求他对于他们出具的信访处理意见进行解释时，这位副局长却向记者问了这样一个问题，他说："你是准备替党说话，还是准备替老百姓说话？"这话让记者难以理解，众所周知，新闻媒体是党和政府的喉舌，而党和政府的宗旨是为人民服务，党和人民的利益从根本上讲是一致的，可为什么在逯军副局长眼里，党和百姓却成了对立的双方？记者要求他对这句话作出进一步的解释，这位副局长说："这个事我不清楚。我也是第一次见到你，也是第一次见到这个事。等我搞清楚了以后我可以回复你。这件事我可以交有关部门来处理。"逯军副局长拿出笔来，居然在已经加盖了郑州市规划局信访专用章的处理意见书上又批示：请信访处办理。2009 年 6 月 22 日下午，郑州市人民政府新闻办公室发布消息称，郑州市规划局副局长逯军已被停止工作，深刻反思、接受调查。

党性修养是一个长期的过程。1963 年 5 月 29 日，周恩来同志在《过好"五关"》曾经说过，"事物的发展是没有止境的，因此我们的思想改造也没有止境"，"每个党员从加入共产党起，就应有这么一个认识：准备改造思想，一直改造到老"[1]。党性修养是一个长期的过程，绝不可一劳永逸，只有持之以恒地自警自省、自励自强，才能够不断地提升境界，超越自我。习近平总书记曾经指出，成长为一个好干部，一靠自身努力，二靠组织培养。[2] 从干部自身来讲，个人必须努力，这是干部成长的内因，也是决定性因素。干部的党性修养、思想觉悟、道德水平不会随着党龄的增加而

---

[1] 《周恩来选集》下卷，人民出版社 1984 年版，第 423、425 页。
[2] 《习近平著作选读》第一卷，人民出版社 2023 年版，第 135 页。

自然提高，也不会随着职务的升迁而自然提高，而需要终生努力。成为好干部，就要不断改造主观世界、加强党性修养、注重品格陶冶，时刻用党章、用共产党员标准要求自己，以"与人不求备，检身若不及"的精神，时刻自重自省自警自励，努力做到"心不动于微利之诱，目不眩于五色之惑"，老老实实做人，踏踏实实干事，清清白白为官。① 同时，好干部还要靠组织培养。形势越变化、党和人民事业越发展，越要重视干部培养。培养干部，要抓好党性教育这个核心，抓好道德建设这个基础，抓好本领养成这个关键，强化实践锻炼、基层锻炼，积极为干部锻炼成长搭建平台。实践锻炼不是去"镀金"，更不是去走过场等着提拔，如果那样，必然会身子去了心没去，还是与群众格格不入，无法打成一片。没有监督的权力必然导致腐败，这是一条铁律。组织上培养干部不容易，要管理好、监督好，让他们始终有如履薄冰、如临深渊的警觉。要加强对干部经常性的管理监督，加强宗旨意识、公仆意识、纪律意识教育，严管和厚爱相结合，激励与约束并重，既对干部严格约束，又对干部帮扶关爱。

《尚书·商书·伊训》："与人不求备，检身若不及"

惟元祀十有二月乙丑，伊尹祠于先王。奉嗣王祗见厥祖，侯、甸群后咸在，百官总已以听冢宰。伊尹乃明言烈祖之成德，以训于王。曰："呜呼！古有夏先后，方懋厥德，罔有天灾。山川鬼神，亦莫不宁，暨鸟兽鱼鳖咸若。于其子孙弗率，皇天降灾，假手于我有命，造攻自鸣条，朕哉自亳。惟我商王，布昭圣武，代虐以宽，兆民允怀。今王嗣厥德，罔不在

———————

① 《习近平著作选读》第一卷，人民出版社 2023 年版，第135页。

初，立爱惟亲，立敬惟长，始天家邦，终于四海。呜呼！先王肇修人纪，从谏弗咈，先民时若。居上克明，为下克忠，与人不求备，检身若不及，以至于有万邦，兹惟艰哉！

　　敷求哲人，俾辅于尔后嗣，制官刑，儆于有位。曰：'敢有恒舞于官，酣歌于室，时谓巫风，敢有殉于货色，恒于游畋，时谓淫风。敢有侮圣言，逆忠直，远耆德，比顽童，时谓乱风。惟兹三风十愆，卿士有一于身，家必丧；邦君有一于身，国必亡。臣下不匡，其刑墨，具训于蒙士。'呜呼！嗣王祗厥身，念哉！圣谟洋洋，嘉言孔彰。惟上帝不常，作善降之百祥，作不善降之百殃。尔惟德罔小，万邦惟庆；尔惟不德罔大，坠厥宗。"

这个故事是说：太甲元年十二月乙丑日，伊尹祭祀先王，侍奉嗣王恭敬地拜见他的祖先。侯服甸服的诸侯都在祭祀行列，百官率领自己的官员，听从太宰伊尹的命令。伊尹于是明白说明大功之祖成汤的大德，来教导太甲。伊尹说："啊！从前夏代的先君，当他勉力施行德政的时候，没有发生天灾，山川的鬼神也没有不安宁的，连同鸟兽鱼鳖各种动物的生长都很顺遂。到了他的子孙不遵循先人的德政，上天降下灾祸，借助于我汤王的手。上天有命：先从夏桀讨伐；我就从亳都执行。我商王宣明德威，用宽和代替暴虐，所以天下兆民相信我、怀念我。现在我王嗣行成汤的美德，不可不考虑开头！行爱于亲人，行敬于长上，从家和国开始，最终推广到天下。啊！先王努力讲求做人的纲纪，听从谏言而不违反，顺从前贤的话；处在上位能够明察，为臣下能够尽忠；结交人不求全责备，检点自己好像来不及一样。因此达到拥有万国，这是很难的呀！

　　"又普求贤智，使他们辅助你们后嗣；还制订《官刑》来警戒百官。《官刑》上说：敢有经常在宫中舞蹈、在房中饮酒酣歌的，这叫作巫风。敢有贪求财货女色、经常游乐田猎的，这叫作淫风。敢有轻视圣人教训、拒绝忠直谏戒、疏远年老有德、亲近顽愚童稚的，这叫作乱风。这些三风十过，卿士身上有一种，他的家一定会丧失；国君身上有一种，他的国一定会灭亡。臣下不匡正君主，要受到墨刑。这些对于下士也要详细教导。啊！嗣王当以这些教导警戒自身，念念不忘呀！圣谟美好，嘉训很明啊！上帝的眷顾不常在一家，做善事的，就赐给百福；做不善的，就赐给他百殃。你修德不论多小，天下的人都会感到庆幸；你行不善，即使不大，也会丧失国家。"

学习是人生永恒的主题，必须要树立终身学习的理念。《论语·秦伯》说："子曰：'学如不及，犹恐失之。'"《荀子·劝学》说："君子曰：学不可以已。"近代著名教育家陶行知先生也主张："活到老，干到老，学到老，用到老。"清代纪晓岚曾经写过一副对联："过如秋草芟难尽，学似春冰积不高。"意思是说，人身上的过错如秋天野草一样，很难完全割除。学问需要长期积累，冰冻三尺非一日之寒，否则达不到高深的程度。的确如此，做学问就像春天的冰一样，好不容易积攒了一个冬天，结果春天的太阳一出来，一边积一边化，怎么也积累不厚。

学习是党员干部的基本素养，也是提高党性素养的头道工序。注重学习是增强党性修养、坚定理想信念、提升精神境界的重要途径。1939 年底，毛泽东同志对陶铸同志夫人曾志说："马列主义的书要经常读。《共产党宣言》，我看了不下 100 遍，遇到问题，我就翻阅马克思的《共产党宣言》，有时只阅读一两段，有时全篇都读，每读一次，我都有新的启发。我写《新民主主义论》时，《共产党宣言》就翻阅过多次。读马克思主义理论在于应用，要应用就要经常读，重点读。"① 习近平总书记多次强调，党员干部一定要加强理论学习。在中央党校建校 90 周年庆祝大会暨 2023 年春季学期开学典礼上，习近平总书记指出："理论修养是干部综合素质的核心，理论上的成熟是政治上成熟的基础，政治上的坚定源于理论上的清醒。"② 领导干部要树立正确的世界观、人生观和价值观，把好思想认识的"总开关"，需要将"理论学习是党性修养的终生之需"作为不变的信念，坚持不懈用党的创新理论成果武装头脑。学习不仅仅是提高能力和素质的过程和手段，善于学习本身就是一种能力和素质。一个党性很强的干部一定是个爱学习的干部。梦想从学习开始，事业从实践起步。中国共产党人依靠学习走到今天，也必然要依靠学习走向未来。学习是政党巩固之基、国家兴盛之要、文明传承之途、人生成长之梯。重视学习、善于学习，是中国共产党历经百年沧桑依旧风华正茂的重要原因，是党始终保持先进性和纯洁性、始终走在时代前列的重要保证。我们要营造崇尚学习的浓厚氛围，在学习中促进工作，在工作中深化学习，坚持不懈用马克思主义中国化时代化最新成果武装头脑、凝心聚魂，坚定马克思主义信仰和共产主义理想，不断提高全党特别是领导干部的理论思维能力和思想政治水平。

党性、党风、党纪是有机整体，党性是根本，党风是表现，党纪是保障。新时代全面从严治党以落实中央八项规定精神破题，党中央率先垂范，弘扬谦虚谨慎、艰苦奋斗等光荣传统，涵养求真务实、清正廉洁的新风正气，把纪律和规矩挺在前面，抓早抓小、防

---

① 曾志：《谈谈我知道的毛主席》，载中央文献研究室《缅怀毛泽东》编辑组编：《缅怀毛泽东》（上），中央文献出版社 1993 年版，第 400—401 页。

② 习近平：《在中央党校建校 90 周年庆祝大会暨 2023 年春季学期开学典礼上的讲话》，《求是》2023 年第 7 期。

微杜渐，一个毛病一个毛病纠治，一个问题一个问题突破，一年接着一年坚守，坚决纠正形式主义、官僚主义、享乐主义和奢靡之风，坚决破除特权思想、特权行为，坚决整治群众身边的腐败和不正之风。经过新时代全面从严治党的革命性锻造，纪律松弛、作风漂浮状况显著改变，真管真严、敢管敢严、长管长严氛围基本形成，党风政风焕然一新，社风民风持续向好，重塑了党在人民心中的形象。①

作风问题本质上是党性问题。领导干部的作风直接关系党内风气和政治生态，关系民心向背，决定着党的群众基础。领导干部作风不过关，不过硬，党风社会风气就不可能好。人们习以为常的一些作风问题，往往就是对党的公信力、党的形象带来致命破坏的问题。作风问题绝不是小事，一旦成风，危害巨大。② 加强作风建设必须紧扣保持党同人民群众血肉联系这个关键。"四风"问题只是表象，根上是背离了党性，丢掉了宗旨。我们抓作风建设，归根到底，就是希望各级干部都能树立和发扬好的作风，既严以修身、严以用权、严以律己，又谋事要实、创业要实、做人要实。严以修身，就是要加强党性修养，坚定理想信念，提升道德境界，追求高尚情操，自觉远离低级趣味，自觉抵制歪风邪气。严以用权，就是要坚持用权为民，按规则、按制度行使权力，把权力关进制度的笼子里，任何时候都不搞特权、不以权谋私。严以律己，就是要心存敬畏、手握戒尺，慎独慎微、勤于自省，遵守党纪国法，做到为政清廉。③

共产党的党性集中体现了共产党员的先进性，共产党员就要当

---

① 《习近平著作选读》第二卷，人民出版社 2023 年版，第 590 页。
② 《习近平著作选读》第二卷，人民出版社 2023 年版，第 110 页。
③ 《习近平著作选读》第一卷，人民出版社 2023 年版，第 226 页。

模范、做榜样、争先锋。共产党员的先锋模范作用不是空洞的、抽象的，也不是挂在嘴上、印在纸上的，而是具体的、实在的。人民群众对党的认识就是看身边的党员，评价一个党员就是看他的一言一行、一举一动。我们党自成立之日起，就是中国工人阶级的先锋队，是中国人民和中华民族的先锋队，自觉地担当起争取民族独立和人民解放、实现国家富强和人民幸福的历史使命。领导干部不是普通群众，也不是普通党员，对党必须要有强烈的责任心、使命感、忠诚度，以忠诚于党和人民的事业为天职。

有人曾说，有了责任心，生活就有了真正的意义和灵魂。对党员干部而言，责任心非常重要。看一个党员干部，很重要的是看有没有责任感，有没有担当精神。对一名党员来说，责任心就是党性修养。例如，心里装着全体人民、唯独没有他自己的焦裕禄，一腔热血洒高原的孔繁森，忘我工作，一生为民的杨善洲，为官一任，造福一方的谷文昌，他们都是用一颗对党和人民事业高度负责的心，赢得了干部群众的高度称赞，也留下了可亲可敬的光辉形象。

郡县治，天下安。海瑞在其《令箴》中说："官之至难者，令也。"此意即最难做的官是县官。"麻雀虽小，五脏俱全"。尽管中国有几千个县，但每一个县都包含了政治、经济、文化等各方面，都要负责当地老百姓的衣食住行、生老病死。县一级的每一个决策所影响的都是十几万甚至上百万老百姓的生产、生活，是名副其实的当地"父母官"。再加上县一级工作承上启下，既需对上负责，又与老百姓距离非常近，其重要性不言而喻。因此，县级领导必须有各方面的知识和很强的能力，否则难以胜任。习近平总书记高度重视县委书记，认为县一级工作好坏，关系国家的兴衰安危，县委书记"官不大而责任不小"。2015年1月12日，习近平总书记同中央党校第一期县委书记研修班学员进行座谈时强调，合格的县委书记就是要做到"四有"：心中有党、心中有民、心中有责、心中有戒。习近平告诫县委书记，要始终严格要求自己，把好权力关、金钱关、美色关，做到清清白白做人、干干净净做事、坦坦荡荡为官，引导全县形成健康向上的社会风尚。习近平总书记对县委书记提出四点要求：第一，要勤于学习、善于学习，使读书学习成为充实知识、提高素质的重要途径，成为加强修养、培养高尚情操的有效手段，不断提高自身素质。第二，要带头弘扬党的优良作风，树立县委书记尽职尽责、忠诚于党的形象，开拓进取、克难攻坚的形象，求真务实、艰苦奋斗的形象，执政为民、清正廉洁的形象，始终保持共产党人的先进性。第三，要认真贯彻党的群众路线，思想上尊重群众、感情上贴近群众、行动上深入群众、工作上依靠群众，帮助群众解决生产生活中的实际困难，引导群众不断前进，切实提高新形势下做好群众工作的能力。第四，要善于当好班长、带好队伍，带头执行民主集中制，在各方面以身作则、发挥表率作用，团结县委领导班子成员齐心协力推动经济社会又好又快发展。

习近平总书记称赞过的县委书记：
焦裕禄、王伯祥、谷文昌

　　焦裕禄，不求"官"有多大，但求无愧于民。习近平不止一次提倡和要求党员干部向优秀县委书记焦裕禄学习，他指出，做县委书记就要做焦裕禄式的县委书记，始终做到心中有党、心中有民、心中有责、心中有戒。时任中共福州市委书记习近平于1990年7月15日作了一首词，题为《念奴娇·追思焦裕禄》："魂飞万里，盼归来，此水此山此地。百姓谁不爱好官？把泪焦桐成雨。生也沙丘，死也沙丘，父老生死系。暮雪朝霜，毋改英雄意气！依然月明如昔，思君夜夜，肝胆长如洗。路漫漫其修远矣，两袖清风来去。为官一任，造福一方，遂了平生意。绿我涓滴，会它千顷澄碧。"上阕"追思"，以记叙为主，写焦裕禄的功绩，百姓对他的爱戴、缅怀，诗人对他的评价。下阕明志，以抒情为主，写焦裕禄精神对诗人的影响，表达执政为民、造福百姓、恩泽万众的理想和宏愿。2014年3月习近平总书记重访兰考，有感于焦裕禄为人民服务之精神，重诵此词，深情地谈道："虽然焦裕禄离开我们50年了，但焦裕禄精神是永恒的。"

王伯祥，新时期县委书记的榜样。2010年12月31日，王伯祥同志先进事迹报告会举行。时任中共中央政治局常委、中央书记处书记、国家副主席习近平会见王伯祥同志和报告团时指出，王伯祥同志是新时期县委书记的榜样，并要求进一步加强干部队伍建设，着力造就高素质县委书记队伍。习近平同志说："像他那样树立正确的事业观，坚持发展第一要务，推进全面协调可持续发展，做贯彻落实科学发展观的忠实实践者；像他那样树立正确的政绩观，坚持为官一任、造福一方，一心一意为群众办实事、做好事、解难事；像他那样树立正确的工作观，深入实际，深入群众，真抓实干，争创一流业绩；像他那样树立正确的利益观，严于律己，秉公办事，一身正气、两袖清风。"

谷文昌，在老百姓心中树起了一座不朽丰碑。20世纪五六十年代的东山县委书记谷文昌，与焦裕禄一样是习近平同志大力提倡的干部楷模。习近平同志在《之江新语》中说："福建东山县的县委书记谷文昌之所以一直受到广大干部群众的敬仰，是因为他在任时不追求轰轰烈烈的'显绩'，而是默默无闻地奉献，带领当地干部群众通过十几年的努力，在沿海建成了一道惠及子孙后代的防护林，在老百姓心中树起了一座不朽的丰碑。"

实干兴邦、空谈误国。党和国家事业发展，离不开全党脚踏实地、真抓实干。抓工作，是停留在一般性号召还是身体力行，成效大不一样。讲实话、干实事最能检验和锤炼党性。面对新形势新挑战，我们要发扬斗争精神，既要敢于斗争，又要善于斗争，在事关中国特色社会主义前途命运的大是大非问题上坚定不移，在改革发展稳定工作中敢于碰硬，在全面从严治党上敢于较真，在维护国家核心利益上敢于针锋相对，不在困难面前低头，不在挑战面前退缩，不拿原则做交易，不在任何压力下吞下损害中华民族根本利益的苦果。习近平总书记指出："有多大担当才能干多大事业，尽多大责任才会有多大成就。"① 大凡有成就、有功绩的党员干部，都是有大责任、大担当的。一个有责任心的人，必定是敬业、热忱、主动、忠诚，把细节做到完美的人。在责任心的驱使下，必然会积极主动挖掘自己的潜能，会更加勇敢、坚忍和执着，会充满激情勤奋地工作。在新的历史条件下，讲党性、讲责任就是要坚定不移地高举中国特色社会主义伟大旗帜，坚定不移地走中国特色社会主义道路，坚持不懈用习近平新时代中国特色社会主义思想武装头脑、指导实践，自觉践行全心全意为人民服务的宗旨，努力做到立党为公、执政为民。作为共产党员，在任何情况下，与人民群众同呼吸共命运的立场不能变，全心全意为人民服务的宗旨不能忘，坚信群众是真正英雄的历史唯物主义观点不能丢，时刻牢记自己的党员身份和职责，始终站在维护广大人民群众根本利益的立场分析问题、

① 《习近平著作选读》第一卷，人民出版社 2023 年版，第 339 页。

认识问题、开展工作，在强国建设、复兴伟业新征程上不断作出新的贡献。

三、把不忘初心、牢记使命作为必修课、常修课

当前，随着中国特色社会主义进入新时代，我们也已经踏上了全面建设社会主义现代化国家新征程。新时代新征程给党和国家的各项事业都提出了新任务，也给各级党组织和全体党员干部提出了新要求。面对新使命新任务新要求，每一名共产党员都要不忘初心、牢记使命，砥砺前行、奋发有为，把全心全意为人民服务作为一以贯之的根本宗旨，把人民对美好生活的向往作为坚持不懈的奋斗目标，把人民谋幸福、为民族谋复兴作为矢志不渝的职责使命。这既是新时代共产党人的实践论、政绩观，也是新时代共产党人的军令状、责任书，更是新时代共产党人的必修课、常修课。

沧海横流方显英雄本色，危难时刻更要挺身而出，紧急关头尤需党员带头。真正的共产党员，就要平常时候看得出来、关键时刻站得出来、危急关头豁得出来。越是关键时刻，越要践行共产党员的初心使命；越是紧急关头，越要彰显共产党员的担当作为。每个党支部、每名共产党员都要坚守岗位、冲锋陷阵，守土有责、守土尽责，以实际行动发挥着战斗堡垒作用和先锋模范作用，广泛动员群众、组织群众、凝聚群众，把实现好、维护好、发展好最广大人民的根本利益作为一切工作的出发点和落脚点，把为人民谋幸福、为民族谋复兴作为各级党组织和全体党员的根本职责。

行动是最有力的带动，示范是最鲜明的垂范。在夺取中国特色社会主义伟大胜利的每一场攻坚战中，党员始终冲锋在披荆斩棘最前沿，党旗高高飘扬在攻坚克难第一线。每名党员都是一面鲜红的

旗帜，每个支部都成为党旗高高飘扬的战斗堡垒。旗帜就是方向，每一面高高飘扬的旗帜都会给人民指明方向、团结引领人民前进。党员就是旗帜，每名党员都要严于律己，以身作则，以自己的实际行动，言行一致，努力成为干事创业的先锋模范，成为人民群众的学习榜样。堡垒就是力量，党支部就像是一个坚强的堡垒，紧紧把全体党员和广大人民群众团结在一起，凝聚成一个牢不可破的有机整体，团结一心、共克难关，朝着党中央确定的目标齐心协力向前进。中国共产党的领导力从来都是具体的、不是空泛的，中国共产党人的先进性也从来都是真实的、不是抽象的。中国共产党的领导力是由510多万个基层党组织的领导力点滴汇聚而成，中国共产党人的先进性也是由9900多万共产党员的初心使命凝聚而成。一个党组织就是一个坚强堡垒，一名党员就是一面鲜红旗帜。千千万万个党组织的引领力、凝聚力、服务力，共同构成了我们党的协调全局、统揽各方的全面领导力；千千万万个党员的不忘初心、践行使命，全面彰显了共产党人的先进性、纯洁性。

党的初心和使命是党的性质宗旨、理想信念、奋斗目标的集中体现。中国共产党的领导是中国特色社会主义最本质的特征，是中国特色社会主义制度的最大优势，是中国人民在长期的革命和建设过程中作出的历史选择，这不仅证实了党的领导的合法性与正当性，而且表明党的领导具有深厚的实践基础和群众基础。中国共产党一经成立，就把马克思主义写在自己的旗帜上，把实现共产主义作为最高理想和最终目标，义无反顾肩负起实现中华民族伟大复兴的历史使命，把我们党实现中华民族伟大复兴的历史使命与共产主义的远大使命有机统一起来。

为中国人民谋幸福，为中华民族谋复兴的初心和使命是激励中国共产党人不断前进的根本动力。中国共产党成立百余年来，在为人民谋幸福、为民族谋复兴的道路上不断前行，攻克了一个又一个难关，创造了一个又一个彪炳史册的人间奇迹，推动国家和民族的面貌发生了翻天覆地的变化。新中国成立 70 多年来，一代又一代共产党人坚守初心、牢记使命，推动中国走上人民幸福和民族复兴的中国特色社会主义道路，从根本上改变了中国的面貌、中华民族的面貌、中国人民的面貌、中国共产党的面貌，使得中华民族迎来了从站起来、富起来到强起来的伟大飞跃。

不忘初心，方得始终。2012 年 11 月 29 日，习近平总书记带领十八届中央政治局常委等来到国家博物馆，参观《复兴之路》基本陈列，回顾近代以来中国人民为实现民族复兴走过的历史进程，号召全党同志承前启后、继往开来，把我们的党建设好，团结全体中华儿女把我们国家建设好，把我们民族发展好，继续朝着中华民族伟大复兴的目标奋勇前进。在参观过程中，习近平总书记发表了重要讲话，表示《复兴之路》这个展览，回顾了中华民族的昨天，展示了中华民族的今天，宣示了中华民族的明天，给人以深刻教育和启示。中华民族的昨天，可以说是"雄关漫道真如铁"。近代以后，中华民族遭受的苦难之重、付出的牺牲之大，在世界历史上都是罕见的。但是，中国人民从不屈服，不断奋起抗争，终于掌握了自己的命运，开始了建设自己国家的伟大进程，充分展示了以爱国主义为核心的伟大民族精神。中华民族的今天，正可谓"人间正道是沧桑"。改革开放以来，我们总结历史经验，不断艰辛探索，终于找到了实现中华民族伟大复兴的正确道路，取得了举世瞩目的成果。这条道路就是中国特色社会主义。中华民族的明天，可以说是"长风破浪会有时"。经过鸦片战争以来 180 多年的持续奋斗，中华民族伟大复兴展现出光明的前景。现在，我们比历史上任何时期都更接近中华民族伟大复兴的目标，比历史上任何时期都更有信心、有能力实现这个目标。

2017年10月31日，习近平总书记带领中共中央政治局常委来到上海和浙江嘉兴，瞻仰上海中共一大会址和浙江嘉兴南湖红船，回顾建党历史，重温入党誓词，宣示新一届党中央领导集体的坚定政治信念。习近平指出，上海党的一大会址、嘉兴南湖红船是我们党梦想起航的地方。我们党从这里诞生，从这里出征，从这里走向全国执政。这里是我们党的根脉。习近平总书记强调："其作始也简，其将毕也必巨。"100多年来，我们党团结带领人民取得了举世瞩目的伟大成就，这值得我们骄傲和自豪。同时，事业发展永无止境，共产党人的初心永远不能改变。唯有不忘初心，方可告慰历史、告慰先辈，方可赢得民心、赢得时代，方可善作善成、一往无前。全党同志必须坚持全心全意为人民服务的根本宗旨，不断带领人民创造更加幸福美好的生活；牢记共产主义远大理想，坚定中国特色社会主义共同理想，一步一个脚印向着美好未来和最高理想前进；始终保持谦虚谨慎、不骄不躁的作风，不畏艰难、不怕牺牲，为实现"两个一百年"奋斗目标、实现中华民族伟大复兴的中国梦而不懈奋斗。

2022年10月27日，习近平总书记带领中共中央政治局常委，专程从北京前往陕西延安，瞻仰延安革命纪念地，重温革命战争时期党中央在延安的峥嵘岁月，缅怀老一辈革命家的丰功伟绩，宣示新一届中央领导集体赓续红色血脉、传承奋斗精神，在新的赶考之路上向历史和人民交出新的优异答卷的坚定信念。习近平总书记专门强调，要弘扬伟大建党精神，弘扬延安精神，坚定历史自信，增强历史主动，发扬斗争精神，为实现党的二十大提出的目标任务而团结奋斗。

踏上新征程，担起新任务，作出新宣示。党的三次全国代表大会之后，习近平总书记带领新一届中共中央政治局常委的这三次集体出行，令人瞩目，引人深思。2012年11月29日，党的十八大闭幕刚两周，习近平总书记带领全体中央政治局常委同志赴国家博物馆参观《复兴之路》展览，习近平总书记首次提出并阐述"中华民族伟大复兴的中国梦"；2017年10月31日，党的十九大闭幕仅一周，习近平总书记带领十九届中共中央政治局常委专程从北京前往上海和浙江嘉兴，瞻仰中共一大会址，提醒我们要牢记建党初心，不忘复兴使命；2022年10月27日，距党的二十大闭幕不到一周，习近平总书记和中央政治局常委同志一起来到革命圣地延安，宣示新一届中央领导集体将继承和发扬延安时期党形成的优良革命传统和作风，弘扬延安精神。延安精神，是党在延安时期形成的宝贵精神财富。它的主要内容是坚定正确的政治方向、解放思想实事求是的思想路线、全心全意为人民服务的根本宗旨、自力更生艰苦奋斗的创业精神。

一个不记得来路的民族是没有出路的民族，一个忘记初心的政党是没有前途的政党。中国共产党人的初心首先体现在中国共产党的名称上，这也是中国共产党人的理想信念之所在。中国共产党之所以叫中国共产党，是因为党的奋斗目标是实现社会主义和共产主义。共产党人坚守初心，最首要的是坚守共产主义的理想信念，牢记全心全意为人民服务的根本宗旨，牢记人民对美好生活的向往就是我们的奋斗目标。在这个意义上讲，一部中共党史，就是一部中国共产党人团结带领中国人民一步一步接近中华民族伟大复兴奋斗目标的历史。这种对初心和使命的执着坚守是对共产党人的政治本色的最好诠释，是党的性质宗旨、理想信念、奋斗目标的集中体现。

中国共产党的初心和使命是由党的性质和党的指导思想决定

的。一切向前走，走得再远，也不能忘记来时的路，不能忘记为什么出发。中国共产党来自人民、植根人民、服务人民，除了国家、民族、人民的利益，没有任何自己的特殊利益。中国共产党诞生之时，整个中国风雨飘摇、四分五裂，整个中华民族生灵涂炭、一盘散沙。那时，全体中华儿女最大的梦想就是实现中华民族的伟大复兴，彻底告别积贫积弱、落后挨打的悲惨境遇。为此，无数共产党人把实现中国人民的伟大梦想作为毕生的追求，义无反顾担当起"为中华民族谋复兴"的历史使命。正是这样的初心和使命，激励着一代又一代中国共产党人无惧流血牺牲，始终前赴后继，不断英勇奋斗。回望历史，中国共产党之所以能打败其他政党势力成为历史的选择、人民的选择，之所以能够领导中国人民不断取得革命、建设、改革的发展奇迹，之所以能够在拥有 14 亿多人口的中国全面领导、长期执政，一个最根本的原因就是中国共产党始终没有忘记建党伊始的初心和使命，也正是这个初心和使命，构成了中国共产党人先进性和纯洁性的精神根基，成为共产党人攻坚克难、奋发有为的根本动力。

中华民族具有 5000 多年的悠久历史和灿烂文明，在世界文明史上占据着极为重要的历史地位。但近代以来特别是 1840 年鸦片战争后，中国可谓国运飘摇，命运多舛。面对沉重的民族危机，中国社会各个阶级和阶层分别采取了不同的行动来救亡图存，开始了漫漫民族复兴之路。为了民族复兴，无数仁人志士不屈不挠、前仆后继，进行了可歌可泣的斗争，进行了各式各样的尝试，但终究未能改变旧中国的社会性质和中国人民的悲惨命运。最终，中国共产党的成立，带领全国人民取得了革命斗争的胜利，义无反顾肩负起实现中华民族伟大复兴的历史使命。

2012 年 11 月 29 日，习近平总书记参观国家博物馆《复兴之路》展览时发表重要讲话指出，实现中华民族的伟大复兴，就是中华民族近代最伟大中国梦，正式提出了新形势下中华民族伟大复兴的中国梦目标。党的十九大明确提出，中国共产党人的初心和使命，就是为中国人民谋幸福，为中华民族谋复兴。党的十九届四中全会更是提出，要建立不忘初心、牢记使命的制度，确保全党遵守党章，恪守党的性质和宗旨，坚持用共产主义远大理想和中国特色社会主义共同理想凝聚全党、团结人民，用习近平新时代中国特色社会主义思想武装全党、教育人民、指导工作，夯实党执政的思想基础。把不忘初心、牢记使命作为加强党的建设的永恒课题和全体党员、干部的终身课题，形成长效机制，坚持不懈锤炼党员、干部忠诚干净担当的政治品格，确保党始终走在时代前列、得到人民衷心拥护。党的二十大提出，中国共产党已走过百年奋斗历程。我们党立志于中华民族千秋伟业，致力于人类和平与发展崇高事业，责任无比重大，使命无上光荣。全党同志务必不忘初心、牢记使命，务必谦虚谨慎、艰苦奋斗，务必敢于斗争、善于斗争，坚定历史自信，增强历史主动，谱写新时代中国特色社会主义更加绚丽的华章。党的二十大把"务必不忘初心、牢记使命"作为新时代共产党人必须坚持的"三个务必"之一，充分彰显了百年大党坚定的战略自信和高度的战略清醒，充分彰显了中国共产党人自警自励的政治智慧和求真务实的政治品格，充分体现了新时代中国共产党人强烈的历史自觉和责任担当。

"进京赶考"

　　1949 年 1 月 31 日北平和平解放，中共中央即决定在北平定都，准备离开党的最后一个农村指挥所西柏坡，进驻世界闻名的古都北平。根据形势的发展，党中央于 3 月 5 日至 13 日在西柏坡召开了具有重大历史意义的七届二中全会。会议决定在全国胜利的局面下，党的工作重心必须实行战略转移，即由乡村转移到城市。这一战略决策在中国革命史上是一个伟大的战略转变。毛泽东在党的七届二中全会上的报告中指出，"务必使同志们继续地保持谦虚、谨慎、不骄、不躁的作风，务必使同志们继续地保持艰苦奋斗的作风"。这"两个务必"就给全党思想上及时敲响了警钟，提醒全党要防止骄傲自满情绪，警惕资产阶级糖衣炮弹的进攻，同时也为执政党的建设提出了新的课题与任务，使全党广大干部在全国革命胜利后，继续保持清醒的头脑，继续保持艰苦奋斗的优良传统作风。

1949 年 3 月 23 日，西柏坡阳光明媚。西柏坡村前屋后，大大小小的几百辆车从西柏坡村一直延伸到十几里以外的郭苏河滩里。这一天，是中共中央离开西柏坡的日子。午饭后，毛泽东和其他领导人离开住处，边走边说："今天是进京的日子，不睡觉也高兴啊。今天是进京'赶考'嘛，进京'赶考'去，精神不好怎么行呀？"周恩来笑着说："我们应当都能考及格，不要退回来。""退回来就失败了。我们决不当李自成。"这是毛泽东对西柏坡的告别词，也是一代伟人对中国革命必胜的信心。

人们常说，共产党员是用特殊材料制成的，这个"特殊材料"是什么？这个"特殊材料"就是镌刻在共产党员头脑里的信仰、深刻在共产党员心里的信念、铭刻在共产党员行动中的信心。这个信仰、信念、信心，"比铁还硬，比钢还强"，是指引和团结中国人民站起来、富起来、强起来的强大精神力量，是激励和支撑无数共产党员攻坚克难、勇往直前的坚强精神支柱。2019 年 12 月 26

日至 27 日，中共中央政治局召开"不忘初心、牢记使命"专题民主生活会，习近平总书记主持会议并发表重要讲话强调，要始终把不忘初心、牢记使命作为必修课、常修课，时常叩问和守护初心，及时修枝剪叶、补钙壮骨，把牢理想信念"总开关"，在大是大非面前旗帜鲜明，在风浪考验面前无所畏惧，在各种诱惑面前立场坚定，在关键时刻让党信得过、靠得住、能放心。在这次重要讲话中，习近平总书记还强调，不忘初心、牢记使命，说到底是为什么人、靠什么人的问题。以百姓心为心，与人民同呼吸、共命运、心连心，是党的初心，也是党的恒心。想问题、作决策、办事情都要站在群众的立场上，通过各种途径了解群众的意见和要求、批评和建议，真抓实干解民忧、纾民怨、暖民心，让人民群众获得感、幸福感、安全感更加充实、更有保障、更可持续。2020 年 1 月 8 日，习近平总书记在"不忘初心、牢记使命"主题教育总结大会上指出，各级党组织和广大党员、干部要经常进行思想政治体检，不断叩问初心、守护初心，不断坚守使命、担当使命，始终做到初心如磐、使命在肩。① 党中央之所以反复强调要"不忘初心、牢记使命"，是因为只有"不忘初心"，才能做到"方得始终"，而且从实践来看，往往是"初心易得，始终难守"。"始终"二字，是对党的性质宗旨的坚持，是对理想信念的考验。广大党员要信念坚定、意志如山、修身律己、慎终如始，尤其是在困境、逆境，甚至濒临绝境时依然能够初心如磐、使命在肩，创造出经得起实践、人民、历史检验的实绩。

从建党的开天辟地，到新中国成立的改天换地，到改革开放的翻天覆地，再到党的十八大以来党和国家事业取得历史性成就、发

---

① 习近平：《在"不忘初心、牢记使命"主题教育总结大会上的讲话》，《求是》2020 年第 13 期。

生历史性变革，根本原因就在于我们党始终坚守了为中国人民谋幸福、为中华民族谋复兴的初心和使命。在全面建设社会主义现代化国家新征程上，始终做到初心如磐、使命在肩，我们的事业必将无往而不胜。坚守初心和使命，既需要党的创新理论来滋养、党的非凡历史来激励、严肃党内政治生活来锤炼，也需要落到具体实际行动上，把初心和使命变成埋头苦干、真抓实干的原动力。我们必须紧紧要抓住人民最关心最直接最现实的利益问题，把人民群众的小事当作自己的大事，紧紧围绕人民日益增长的美好生活需要履好职、尽好责。

建功新时代，奋进新征程。作为一名共产党员，必须要把不忘初心、牢记使命作为新时代共产党人的永恒课题和终身课题，以只争朝夕、不负韶华的奋斗姿态和越是艰险越向前的斗争精神，以钉钉子精神抓工作落实，真正做到为人民服务，担当起该担当的责任。作为执政党，我们党必须自觉担负起为中国人民谋幸福、为中华民族谋复兴的历史使命，牢固树立正确的权力观、政绩观、事业观，切实做到信念坚定、真抓实干，立党为公、执政为民，始终以党、国家、民族和人民的利益为重，全面践行全心全意为人民服务的根本宗旨，切实把党的群众路线贯彻到治国理政全部活动之中，把人民对美好生活的向往作为奋斗目标，依靠人民创造历史伟业。

第二章 树立和践行正确的权力观，坚持权为民所赋、权为民所用

权力是"国之大者""天下公器"，事关国家安危、社会治乱、人心向背。我国宪法明确规定，国家一切权力属于人民，领导干部的职责就是牢固树立正确的权力观，严格按照宪法和法律的要求，全心全意为人民服务。马克思主义权力观概括起来就是两句话：权为民所赋，权为民所用。习近平总书记指出："党员、干部特别是领导干部要清醒认识到，自己手中的权力、所处的岗位，是党和人民赋予的，是为党和人民做事用的，只能用来为民谋利。"① 因此，树立正确的权力观

---

① 《习近平谈治国理政》第四卷，外文出版社 2022 年版，第 55 页。

首先就是解决好"官为谁当、权为谁用"的问题。权力是把双刃剑。既可以为公，也可以为私；既可以为善，也可以助虐。正确地行使权力，可以造福人民，保护自己，相反，错误地行使权力，则会祸害党的事业，损害群众的利益，并最终伤害自己。领导干部要牢固树立正确的权力观，常思贪欲之害，常弃非分之想，常修为政之德，以如临深渊、如履薄冰的心态，知敬畏、存戒惧、守底线，坚持公正用权、依法用权、为民用权、廉洁用权，做到秉公用权、谨慎用权、阳光用权、干净用权。

一、时刻牢记权力来自人民、当为民所用

权力观是指人们对待权力问题的基本看法和态度，包括权力的来源、权力的性质、使用权力的基本态度，它是掌权者的世界观、人生观、价值观的集中体现，是关于国家权力的根本观点。人民是历史的创造者，是推动社会变革的决定性力量。这是马克思主义唯物史观的基本原理。马克思主义权力观认为，人民群众是国家的一切权力的主体和最终来源，人民群众是物质财富和精神财富的创造者，是推动社会发展的决定力量。马克思主义权力观概括起来就是两句话：权为民所赋，权为民所用。这两句话反映了马克思主义权力观的本质要求和核心内容，它包含两层意思，前一个是权力是人民群众赋予的，即权为民所赋；后一个是领导干部受人民群众委托代行公共权力，即权为民所用。这就决定了人民群众是主人，领导干部是公仆。前一句话指明了权力的根本来源和基础，后一句话指明了权力的根本性质和归宿。坚持马克思主义权力观，就必须始终牢记社会主义国家的一切权力都是属于人民的，始终牢记作为在全国执掌政权的执政党，广大党员干部手中的权力都是人民赋予的，

始终牢记党员干部手中的权力只能用来为人民谋利益，任何人行使权力都必须为人民服务、对人民负责并自觉接受人民监督。

"足寒伤心，民寒伤国。"民之疾苦，国之要事。党的十八大以来，习近平总书记从党和国家事业发展的战略全局出发，紧密联系新时代党的建设新的伟大工程的具体实际，始终坚持以人民为中心的发展思想，围绕如何牢固树立正确的权力观提出了一系列重要论断，把对马克思主义权力观的认识推向新的高度。

2013 年 6 月 28 日，习近平总书记在全国组织工作会议上指出，党的干部必须敬畏权力、管好权力、慎用权力，守住自己的政治生命，保持拒腐蚀、永不沾的政治本色。强调，我们的干部都是党的干部，权力都是党和人民赋予的，更应该在工作中敢作敢为、锐意进取，在做人上谦虚谨慎、戒骄戒躁。

2013 年 12 月 26 日，习近平总书记在纪念毛泽东同志诞辰 120 周年座谈会上指出，坚持群众路线，就要坚持人民是决定我们前途命运的根本力量。坚持人民主体地位，充分调动人民积极性，始终是我们党立于不败之地的强大根基。在人民面前，我们永远是小学生，必须自觉拜人民为师，向能者求教，向智者问策；必须充分尊重人民所表达的意愿、所创造的经验、所拥有的权利、所发挥的作用。我们要珍惜人民给予的权力，用好人民给予的权力，自觉让人民监督权力，紧紧依靠人民创造历史伟业，使我们党的根基永远坚如磐石。

2014 年 3 月 9 日，习近平总书记在参加十二届全国人大二次会议安徽代表团审议时指出，严以用权，就是要坚持用权为民，按规则、按制度行使权力，把权力关进制度的笼子里，任何时候都不搞特权、不以权谋私。

2014 年 9 月 5 日，习近平总书记在庆祝全国人民代表大会成立60周年大会上指出，我们要坚持国家一切权力属于人民，既保证人民依法实行民主选举，也保证人民依法实行民主决策、民主管理、民主监督，切实防止出现选举时漫天许诺、选举后无人过问的现象。

2015年1月12日，习近平总书记在中共中央党校县委书记研修班学员座谈会上指出，我们的权力是党和人民赋予的，是为党和人民做事用的，姓公不姓私，只能用来为党分忧、为国干事、为民谋利。要正确行使权力，依法用权、秉公用权、廉洁用权，做到法定职权必须为，法无授权不可为，保持如临深渊、如履薄冰的谨慎，做到心有所畏、言有所戒、行有所止，处理好公和私、情和法、利和法的关系。

2015年2月2日，习近平总书记在省部级主要领导干部学习贯彻党的十八届四中全会精神全面推进依法治国专题研讨班上指出，对各级党政组织、各级领导干部来说，权大还是法大则是一个真命题。纵观人类政治文明史，权力是一把双刃剑，在法治轨道上行使可以造福人民，在法律之外行使则必然祸害国家和人民。

2017年10月18日，习近平总书记在中国共产党第十九次全国代表大会上的报告中指出，要加强对权力运行的制约和监督，让人民监督权力，让权力在阳光下运行，把权力关进制度的笼子。

2022年10月16日，习近平总书记在中国共产党第二十次全国代表大会上的报告中指出，完善权力监督制约机制，以党内监督为主导，促进各类监督贯通协调，让权力在阳光下运行。

2023年6月8日，习近平总书记在内蒙古考察时强调，要弘扬清廉之风，教育各级领导干部牢固树立正确权力观，全面查找廉洁风险点，筑牢思想防线，坚守法纪红线。要按照"三不腐"要求健全相关制度、严格执纪，建好护栏。要养成俭朴之风，把生活作风问题作为检视整改的重要内容，督促广大党员干部保持清醒头脑，筑牢贯彻落实中央八项规定及实施细则精神的堤坝。

通过这一系列重要论述，习近平总书记深刻阐述了马克思主义权力观的思想精髓，系统论述了树立正确的权力观的重要意义，着重指出了坚持为人民掌好权用好权的基本要求，对各级领导牢固树立宗旨意识、树立正确的权力观，深刻认识"权力不是一种荣耀，而是一副担子"的含义，正确理解"权力就是责任、干部就是公仆、领导就是服务"的关系，明确"为人民掌好权、执好政"的要求，具有重要的指导作用。各级领导干部必须牢记，我们手中的权力是人民赋予的，只能用来为人民谋利益。行使权力就必须为人民服务、对人民负责并自觉接受人民监督，决不能把权力变成牟取个人或少数人私利的工具。"安民之道，在于察其疾苦。"身为领导干部，必须怀忧民之情、担为民之责、行利民之举，以"民之所望"为"政之所向"，解困民之忧、凭为民之实、得百姓之心。各级领导干部都要自重、自省、自警、自励，讲党性、重品行、作表率，做到立身不忘做人之本、为政不移公仆之心、用权不谋一己之私，永葆共产党人政治本色。

权力是个神圣的东西

中国古代有一种哲理：国家之权乃是"神器"，是个神圣的东西，非"凡夫俗子"所能用。党员领导干部务必珍惜权力、管好权力、慎用权力。正确行使权力，掌权为公、用权为民，则群众喜、个人荣、事业兴；错误行使权力，甚至滥用权力，掌权为己、用权于私，则群众怨、声名败、事业损。

秉公用权、廉洁从政，是领导干部应该具备的基本素质。早在二十世纪六十年代，邓小平同志就语重心长地告诫全党说："我们拿到这个权以后，就要谨慎。不要以为有了权就好办事，有了权就可以为所欲为，那样就非弄坏事情不可。"这些年有的领导干部犯错误，恰恰都与乱用权有关。各级领导干部对待权力一定要如履薄冰、如临深渊，做到慎用权、善用权、用好权，既要管好自己，又要防止他人利用自己的权力和职务影响谋取非法利益。要树立权力就是服务的意识，经常想一想自己手中的权力是从哪里来的、应该为谁所用这个重要问题，自觉做到用权为公而不为私。要遵守权力使用的纪律规定，严格执行民主集中制，讨论问题讲民主，进行决策讲程序，执行决议讲纪律。要牢记权力就是责任的理念，用权要接受监督，确保权力行使不偏离正确方向，确保权力行使的神圣性。

——习近平：《之江新语》，浙江人民出版社 2007 年版，第 260 页

权力是政治的核心，政治是关于权力的分配和运用。在现代政治语境中，权力是指影响他人行为和资源分配的能力。政治通过建立机构和制度来管理权力的流动和行使，以保证社会秩序和公共利益的维护和实现。权力的合法性是政治的基础，政治权力应该基于合法的授权和机构。政府和政治组织必须通过民主选举、宪法框架或其他合法途径来获得权力，并受到法律和制度的制约与监督。

法治是治国理政的基本方式，是国家治理体系和治理能力现代化的重要依托。现代政治在本质上是法治政治，通过法治来规范政治行为、制约国家权力已经成为当今世界的普遍选择。法治最基本的精神是限制国家权力、保障公民权利，通过对国家权力的限制来达到权利保障的目的。从法治的视角来看，腐败的本质是权力的出

轨和越轨，所谓腐败不过是国家权力的不正当行使给国家、社会和公民权利造成危害的一种社会现象。之所以现代法治理念特别强调对国家权力的限制，是由权力自身的容易腐蚀性质所决定的。权力的容易腐蚀性在社会上具有很多的表现形式，钱权交易、钱权交换、官商勾结、损公肥私、腐化堕落都是权力腐蚀性的表现形式之一。

从权力的起源和性质上看，权力的自我腐蚀性主要表现为公共资源的不合理配置和强制性的不受控制上。首先，权力起源人民的授权，是作为一种公共性的社会产品而出现的。权力公共性的一个重要体现就是权力的根本目标是维护公共利益，合理配置公共资源。但是，权力的自蚀性本性决定了权力在配置公共资源尤其是在利益冲突时，往往会首先考虑自己的一己私利，而置公共利益于不顾，从而使得权力成为损公肥私、贪污腐化的便利工具，从而走向腐败变质。其次，权力具有超越于社会之上的独立性和强制性，赋予权力独立性和强制性的初衷是为了确保权力保护公共利益、维护社会秩序职能的实现。但是，权力一旦具有独立性之后，就有了自己相对独立的利益内容和价值目标。为了确保权力自身利益内容和价值目标的顺利实现，权力自身就会习惯性地排斥异己、结党营私，压制各种反对力量，打击报复持异议者，从而使得权力沦为压制人民正当利益的工具，走向异化。

从本质上看，权力腐败往往和权力异化结合在一起。所谓权力异化就是指权力运行背离了自己的公共利益目的，即是指权力主体不是为公共利益服务，而是运用权力谋取私人利益。当权力异化为谋取私人利益的工具时，就会表现为对公共权力的滥用、对公众利益的侵害。权力的异化和腐败既有权力自身的内在原因，也有外在环境的因素。从内因上看，权力自身的扩张性、可交换性和易蚀性，构成了权力异化和腐败的内在根源；从外因上看，权力运行环境和制约监督机制的有效与否，也是影响权力异化和腐败的重要因素。英国著名历史学家阿克顿勋爵在《权力与自由》中指出："权力导致腐败，绝对的权力导致绝对的腐败"。① 法国著名哲学家孟德斯鸠在《论法的精神》中指出："一切有权力的人都爱滥用权力，这是万古不变的经验。防止权力滥用的办法，就是用权力约束权力，权力不受约束必然产生腐败。"② 因此，任何权力，在缺乏有效监督的情况下，都将会不可避免地走上异化和腐败的道路。

　　腐败的本质是权力出轨、行为越轨，许多腐败问题都与权力的配置不科学、使用不规范、监督不到位有关。制约和监督权力，最根本的就是要完善权力配置和运行制约机制。从腐败产生的根源上看，由于权力结构的配置失衡必然会导致权力的不受制约，从而导致权力运行的不受监控，最终导致了腐败现象的发生。因此，从权力结构和运行机制角度来看，腐败的根源在于权力的结构失衡和运行机制的不受监控。在这个意义上，要想从根源上预防腐败的发生，需要建立健全决策权、执行权、监督权既相互制约又相互协调的权力结构，形成结构合理、配置科学、程序严密、制约有效的权力运行机制。要想充分发挥权力制约效能，必须完善权力运行制约和监督方面的实体性制度和程序性规定，实现权力监督和制约体制机制创新，形成全方位、多层次的权力监督和制约体系。同时，按照权力制约和协调原则，做到决策更加科学、执行更加顺畅、监督更加有力，既保证权力高效运行，又保证权力正确行使，着重健全权力运行监控机制，推进权力运行程序化和公开透明，从而在根源上预防腐败现象的发生。

---

① ［英］阿克顿：《自由与权力》，商务印书馆 2001 年版，第 342 页。
② ［法］孟德斯鸠：《论法的精神》上册，商务印书馆 1982 年版，第 154 页。

从历史上看，我国历来高度重视权力运行的制约和监督问题，许多党和国家领导人都对权力运行的制约和监督问题进行过深刻论述，为我们构建权力制约和监督体系、推进党风廉政建设和反腐败斗争奠定了基础，明确了方向。改革开放伊始，在反思"文革"教训的基础上，以邓小平同志为核心的中央领导集体开始重视制度建设，使得国家权力的行使走上法制化、制度化、规范化的道路。邓小平同志指出："我们过去发生的各种错误，固然与某些领导人的思想、作风有关，但是组织制度、工作制度方面的问题更重要。这些方面的制度好可以使坏人无法任意横行，制度不好可以使好人无法充分做好事，甚至会走向反面。……领导制度、组织制度问题更带有根本性、全局性、稳定性和长期性。"① 从此以后，通过加强制度建设来制约和监督权力的运行，确保权力的正当行使就成为我们的不二选择。在党的十六大报告中，江泽民同志强调，加强对权力的制约和监督，建立结构合理、配置科学、程序严密、制约有效的权力运行机制，从决策和执行等环节加强对权力的监督，保证把人民赋予的权力真正用来为人民谋利益。② 在党的十七大报告中，胡锦涛同志指出，要完善制约和监督机制，保证人民赋予的权力始终用来为人民谋利益。确保权力正确行使，必须让权力在阳光下运行。要坚持用制度管权、管事、管人，建立健全决策权、执行权、监督权既相互制约又相互协调的权力结构和运行机制。③ 在 2011 年庆祝中国共产党成立 90 周年大会上，胡锦涛同志又强调，"建立健全权力运行制约和监督体系，保证党和国家机关

---

① 《邓小平文选》第二卷，人民出版社 1994 年版，第 333 页。
② 《江泽民文选》第三卷，人民出版社 2006 年版，第 557 页。
③ 《胡锦涛文选》第二卷，人民出版社 2016 年版，第 638 页。

按照法定权限和程序行使权力"。① 这就进一步将权力制约和监督工作向纵深推进，侧重于从权力结构与权力运行机制方面来加强权力制约和监督工作。

在总结历史经验教训的基础上，以习近平同志为核心的党中央高度重视权力制约和监督问题，在不同的场合多次强调要健全权力运行制约和监督体系。在 2012 年 12 月 4 日的首都各界纪念现行宪法公布实施 30 周年大会上，习近平总书记指出："要健全权力运行制约和监督体系，有权必有责，用权受监督，失职要问责，违法要追究，保证人民赋予的权力始终用来为人民谋利益。"② 在 2013 年 1 月的十八届中央纪委第二次全会上，习近平总书记强调："要加强对权力运行的制约和监督，把权力关进制度的笼子里，形成不敢腐的惩戒机制、不能腐的防范机制、不易腐的保障机制。"③ 在 2013 年 4 月的中央政治局第五次集体学习时，习近平总书记再一次强调，反腐倡廉的核心是制约和监督权力。这些重要论述从不同方面揭示了树立正确的权力观、对权力进行制约和监督的重要性，表明了习近平总书记对权力制约和监督问题的高度重视。基于这种权力制约和监督理念，党的十八届三中全会高度重视权力运行的制约和监督体系建设，强调坚持用制度管权管事管人，让人民监督权力，让权力在阳光下运行，并进一步明确这是把权力关进制度笼子的根本之策。党的十八届四中全会也把权力制约与监督体系建设作为一个重点工作来抓，提出"加强党内监督、人大监督、民主监督、行政监督、司法监督、审计监督、社会监督、舆论监督，努力

---

① 《胡锦涛文选》第三卷，人民出版社 2016 年版，第 537 页。
② 《习近平谈治国理政》第一卷，外文出版社 2018 年版，第 142 页。
③ 《习近平谈治国理政》第一卷，外文出版社 2018 年版，第 388 页。

形成科学有效的权力运行制约和监督体系，增强监督合力和实效"。① 党的十八届六中全会提出："监督是权力正确运行的根本保证，是加强和规范党内政治生活的重要举措。必须加强对领导干部的监督，党内不允许有不受制约的权力，也不允许有不受监督的特殊党员。要完善权力运行制约和监督机制，形成有权必有责、用权必担责、滥权必追责的制度安排。"党的十九大强调："增强党自我净化能力，根本靠强化党的自我监督和群众监督。要加强对权力运行的制约和监督，让人民监督权力，让权力在阳光下运行，把权力关进制度的笼子。"② 党的二十大强调："加强新时代廉洁文化建设，教育引导广大党员、干部增强不想腐的自觉，清清白白做人、干干净净做事，使严厉惩治、规范权力、教育引导紧密结合、协调联动，不断取得更多制度性成果和更大治理效能。"③

由此可见，党的十八大以来，无论是规范各级党政主要领导干部职责权限，科学配置党政部门及内设机构权力和职能，还是推行权力清单制度，依法公开权力运行流程，都围绕权力授予、权力使用、权力制约、权力监督等环节，合理确定权力归属，划清权力边界，厘清权力清单，明确什么权能用、什么权不能用，强化权力流程控制，压缩自由裁量空间，杜绝各种暗箱操作，把权力运行置于党组织和人民群众监督之下，最大限度减少权力寻租的空间。

坚持权为民所赋、权为民所用，是我党全心全意为人民服务的根本宗旨所决定的。密切联系群众还是脱离群众，是否始终与人民同呼吸、共命运、心连心，不仅是情感态度问题，更是政治品格问题。不少的违纪违法者，最终走向违法犯罪的深渊中不能自拔，很

---

① 《习近平谈治国理政》第二卷，外文出版社 2017 年版，第 119 页。
② 《习近平著作选读》第二卷，人民出版社 2023 年版，第 55 页。
③ 《习近平著作选读》第一卷，人民出版社 2023 年版，第 57 页。

重要的一个原因就是权力观扭曲错位，自以为手中有权就可以为所欲为，背离了党的根本宗旨，把人民赋予的权力当作中饱私囊、谋取私利的工具，走到了人民的对立面。剖析这些违法犯罪干部的落马原因，贪腐可谓是最主要的原因。而要想解决领导干部的贪腐问题，必须教育引导其树立正确的权力观，确保权力的正当行使。

老百姓常说："当官不为民做主，不如回家卖红薯。"有句歌词也写道："天地之间有杆秤，那秤砣就是老百姓。"当干部做领导，立身的第一要务就是要牢固树立正确的权力观、事业观、价值观。每一个领导干部都要清醒认识到，手中的权力是人民赋予的，只是代表党和人民掌管和行使权力，必须把权力视为义务和责任，多办顺应民意、化解民忧、为民谋利的实事好事，确保人民赋予的权力始终用来为人民谋利益。豫剧《村官李天成》以河南省濮阳县西辛庄党支部书记李连成为原型，一度广为流传的《吃亏歌》是《村官李天成》中的一段经典唱词。《吃亏歌》写道："当干部就应该能吃亏，能吃亏自然就少是非；当干部就应该肯吃亏，肯吃亏自然就有权威；当干部就应该常吃亏，常吃亏才能有所作为；当干部就应该多吃亏，多吃亏才能有人跟随。"这些普普通通的话语，实际上却说出了领导干部应有的行为标准。曾有媒体评论：这段戏曲应该成为现在党员干部的座右铭。"天下熙熙，皆为利来；天下攘攘，皆为利往。"每个人都生活在红尘俗世之中，都有欲望之念、都有名利之心、都有交往之情。但领导干部是人民公仆，手握党和人民赋予的权力，不能去追求任何特权和私利，因而在为民服务、与民交往中，必然要以民为大，甘愿吃亏。如果领导干部不想吃亏、不愿吃亏，就会斤斤计较、徇私滥权，见金钱就捞、见待遇就争、见荣誉就上、见成绩就吹、见困难就躲，甚至弄虚作假、欺上瞒下、愚弄群众，危及党和人民的事业根本。为了广大人民群众的幸福生活，领导干部一定要能吃苦、肯吃苦、常吃亏、多吃亏，在工作上永不知足、事业上永不止步、追求上永不懈怠，团结带领广大干部群众在建功新时代、奋进新征程的伟大实践中，创造出无愧于组织和人民期待的新业绩。

豫剧《村官李天成·吃亏歌》

当干部就应该能吃亏，能吃亏自然就少是非；

当干部就应该肯吃亏，肯吃亏自然就有权威；

当干部就应该常吃亏，常吃亏才能有所作为；

当干部就应该多吃亏，多吃亏才能有人跟随；

能吃亏、肯吃亏、不断吃亏，工作才能往前推；

常吃亏、多吃亏、一直吃亏，在人前你才好吐气扬眉；

吃亏吃亏能吃亏，莫计较多少赚与赔；

吃亏吃亏常吃亏，你永远不会把包袱背；

吃亏吃亏多吃亏，吃亏吃得众心归；

吃得你人格闪光辉！

习近平总书记在福建任职时曾经指出，党政机关是否保持廉洁，关系到党的存亡和人心的向背，也关系到社会主义经济的命运。习近平总书记强调，对领导干部廉政建设来说，有四句话可以作为警钟长鸣。第一句话，"苟非吾之所有，虽一毫而莫取"，这是作为党员干部的起码要求。第二句话，"熊掌和鱼，不可兼得"，不要既想当官，又想发财，要当干部就不要想发财，这一条恐怕是古今中外概莫能外。有所追求，必有所丧失。第三句话，"寸心不昧，万法皆明"，贪污受贿，鱼肉乡民，这是党纪国法所不容的。第四句话，"为官一场，造福一方"，当干部的宗旨就是奉献，利益问题上，"拿来主义"要不得，不能图实惠，谋私利。[①]

习近平总书记曾多次引用过这样一副对联："得一官不荣，失一官不辱，勿说一官无用，地方全靠一官；吃百姓之饭，穿百姓之衣，莫道百姓可欺，自己也是百姓。"这是清朝康熙年间知县高以永在河南南阳内乡任职期间撰写的一副对联，形象揭示出了官与民的关系。封建官吏尚且有如此深刻的认识，作为新时代领导干部更应该牢固树立正确的权力观，切实做到权为民所赋、权为民所用。权力意味奉献，职位意味服务；作为决定地位，奉献决定价值。每一名领导干部都要认识到，离开组织培养、离开工作岗位，领导干部与普通群众没有什么两样。不管什么时候、身处何地何位，都要以普通群众的视角和心态去面对人和事，清正做人、清白做官，为民服务、踏实干事，始终做到居上而不骄、处下而不忧，善待权力、珍惜权力、用好权力。

二、知敬畏、存戒惧、守底线，守住权力关

敬畏是一种自觉的道德约束，是一种做人行事的操守，也是一种为官从政的品行。知敬畏、存戒惧、守底线，对党员干部来说，既是修身正己、立德处世的基本要求，更是确保干成事、做好事的重要保障。党的十八大以来，习近平总书记多次强调领导干部要心存敬畏，手握戒尺，提出在对待党和国家事业上始终保持进取之心，在对待人民赋予权力上始终保持敬畏之心，在对待个人名利地位上始终保持平常之心，强调要加强纪律教育，强化纪律执行，让党员干部知敬畏、存戒惧、守底线，习惯在受监督

---

① 习近平：《摆脱贫困》，福建人民出版社1992年版，第74—75页。

59

和约束的环境中工作生活。

俗语说，态度决定一切，细节决定成败，行动成就未来。一个人立身处世，持有什么样的立场态度很重要，它反映一个人的价值取向和人生境界。2013年7月18日，习近平总书记在中央政治局常委会上发表重要讲话指出，当干部不要当得那么潇洒，要经常临事而惧，这是一种负责任的态度。要经常有睡不着觉，半夜惊醒的情况，当官当得太潇洒，准要出事。对责任单位和责任人要打到疼处、痛处，让他们真正痛定思痛、痛改前非，有效防止悲剧重演。所以，领导干部手中有权的同时，必须心中有戒，时时以"如履薄冰，如临深渊"的态度决策用权，不断增强对纪律规矩的敬畏意识，增强党纪国法大于权力的法治意识，增强视权力为约束的底线意识，任何时候、任何情况下都不能让权力凌驾于法律制度之上，切不可以有了权力就肆意妄为、胡作非为。领导干部只有心中常存进取心、敬畏心、平常心，把自己看得轻一些、把人民看得重一些，把名利看得轻一些、把事业看得重一些，把职务看得轻一些、把作为看得重一些，把权力看得轻一些、把责任看得重一些，不断锤炼党性、开阔心胸、提升格局，才能超脱手中的权力和所在的位置，活得坦然、过得心安、求得自在。因此，树立正确的权力观，守住权力关，首先必须要有敬畏之心，敬畏权力、敬畏人民、敬畏组织、敬畏法纪。

敬畏权力、不让权力越轨逾矩，是廉洁从政、成就一番事业的重要保证。宋朝大思想家朱熹说："君子之心，常怀敬畏。"明朝大儒方孝孺说："凡善怕者，必身有所正、言有所规、行有所止。"明代吕坤在《呻吟语》也说："畏则不敢肆而德以成，无畏则从其所欲而及于祸。"习近平总书记在十八届中央纪委三次全会上专门强调，领导干部要心存敬畏，不要心存侥幸，要牢记"手莫伸，伸手必被捉"的道理。敬畏不是害怕，而是一种发自内心的尊重和自省，也是一种对自身的基本约束和自我修正。人一旦没有敬畏之心，往往就会变得肆无忌惮、为所欲为，想说什么就说什么、想干什么就干什么、想喝什么就喝什么，甚至无法无天，最终欲火焚身、自酿苦果。"匹夫无罪，怀璧其罪"。领导干部手中掌握的权力，是不法分子追逐和进攻的重点目标。因此，作为掌权者，必须树立正确的权力观，明白手中权力的本质和作用是什么，为谁掌权，为谁用权。只有树立正确的权力观，才能增强公仆意识，廉洁奉公、勤政为民，才能最终顺利通过利益的羁绊、通过诱惑的考验、绕过私欲的陷阱，才能树立起领导干部好作风、好形象。相反，如果把权力作为等价交换的商品，就会以权谋私，搞权钱交易、权色交易，这不仅对党、对国家、对人民是犯罪，而且最终也会毁了自己。领导干部只有心存敬畏，做人才会谦虚谨慎、戒骄戒躁，用权才会认真负责、兢兢业业，才会知所避、知所守、知所止，遵循规矩、守住底线；如果心无敬畏，什么话都敢说、什么事都敢干，无所顾忌、任性妄为，最终必然导致底线失守、权力失控，误了事业、负了人民，也毁了家庭、害了自己。

敬畏人民体现了中国共产党人的初心和使命，体现了我们党全心全意为人民服务的根本宗旨和立党为公、执政为民的执政理念，体现了我们党坚持人民创造历史、人民是真正英雄的唯物史观。领导干部站稳人民立场、坚守群众路线，才能严谨持重、毫不懈怠地运用权力为群众谋利益、为人民谋幸福，老老实实、诚诚恳恳地接受人民群众对权力运行的监督。"水能载舟，亦能覆舟"。我们党来自人民、植根人民、服务人民，党的根基在人民、血脉在人民、力量在人民。离开人民的支持和拥护，什么事情都办不成。我们要牢记人民群众才是真正的英雄，是历史的创造者，是社会发展进步的主体力量，我们要始终信赖群众、依靠群众，诚心诚意拜群众为师、向群众学习，从群众中汲取智慧和力量；要对人民群众保持敬畏之心，真诚倾听群众呼声、真实反映群众愿望、真情关心群众疾苦，多为群众办好事、办实事，把好事办实、把实事办好，以实际行动赢得人民群众的拥护支持。

敬畏组织体现了组织培养和个人努力的关系。组织和干部个人的关系，好比阳光、雨露、沃土与草木。一个人的成长，固然离不开个人的勤奋和努力，但更重要的是靠组织培养、人民信任和单位支持。没有组织，纵然有天大的本事也毫无用武之地；背离了组织，什么荣耀都会化为乌有。领导干部作为党组织中的"关键少数"，作用非常关键，必须把对组织的敬畏作为履职尽责、为官从政的基本底线，敬畏组织的纪律与规矩，敬畏组织的教育与培养，敬畏组织的信任与监督。敬畏组织，就要强化组织观念，信赖组织、服从组织、奉献组织，为组织的事业奋斗终身，以实际行动增强党组织的凝聚力和战斗力；敬畏组织，就要无条件地服从组织的安排，维护组织的权威，接受组织的监督，增强对组织的归属感，自觉维护大局与团结，抵制歪风邪气，以优秀的品格和良好的业绩，赢得组织认可、人民信任；敬畏组织，就要摆正个人与组织的关系，始终牢记自己是组织的普通一员，坚持"四个服从"，即党员个人服从党的组织，少数服从多数，下级组织服从上级组织，全党各个组织和全体党员服从党的全国代表大会和中央委员会；敬畏组织，就要坚持重大事项请示报告的组织程序，不折不扣落实上级决策部署，始终与党中央同心同德、同向同行，听党指挥、为党尽责，不断增强拥护"两个确立"、做到"两个维护"的思想自觉、政治自觉、行动自觉，始终在思想上政治上行动上同党中央保持高度一致。

敬畏法纪体现了我们党的严明纪律性和管党治党的严肃性。加强纪律性，革命无不胜。我们党之所以能够取得一个个胜利，重要的一个方面是纪律严明。领导干部一定要有强烈的底线思维，旗帜鲜明地激浊扬清、带头严格执行制度规定，守住不可逾越的红线，决不能在纪律规矩上放纵自己。法纪既是对个人的约束，也是对个人的保护，如果缺乏对法纪的敬畏感，就会轻视法纪，心存侥幸，放纵自我。贪污腐化行为的出现、违纪违法问题的发生，在很大程度上都是缺乏法纪敬畏、践踏法纪红线导致的结果。没有规矩难成方圆，党有党纪，国有国法。遵纪守法是做一个党员的基本要求，领导干部更要在遵纪守法方面起表率作用。只有把党纪国法奉为圭臬、视为雷池，时刻对违纪行为带来的严重后果保持清醒认识，方能存有"如临深渊、如履薄冰"的心态，谨慎用好手中的权力。事实证明，只有常怀畏权之心，才能慎待权力不迷失，才能尽心为官不懈怠；只有常怀畏民之心，才能执政为民不轻民，才能为民谋利不营私；只有常怀畏法之心，才能发扬民主不独断，才能严于自律不乱为。作为领导干部，一定要强化法治观念，树立对法纪的敬畏意识，并内化为自身信仰和自觉行动，切实做到心有所敬、行有所循，心有所畏、行有所止。遵守党纪国法是每一名党员干部的基本义务，法纪是"红线"和"高压线"。每一名党员干部，不管地位多高、官职多大，都要敬畏法纪、严守法纪。无数案例证明，党员"破法"无不始于"破纪"。党员守住了纪律，就不至于滑向违法犯罪的深渊。"前事不忘，后事之师。"要切实算好政治账、经济账、家庭账、自由账，有权不"任性"、掌权不"妄为"，留一个清清白白的好名声。"善禁者，先禁其身而后人；不善禁者，先禁人而后身。"要着力加强纪律建设，自觉遵守党的纪律，深刻领悟政治纪律、组织纪律、廉洁纪律、群众纪律、工作纪律和生活纪律的科学内涵和实践要求，切实扎紧制度笼子，使党纪国法真正成为带电的高压线。

"六尺巷"的故事

清康熙年间，张英担任文华殿大学士兼礼部尚书。他老家桐城的官邸与吴家为邻，两家院落之间有条巷子，供双方出入使用。后来吴家要建新房，想占这条路，张家人不同意。双方争执不下，将官司打到当地县衙。县官考虑到两家人都是名门望族，不敢轻易了断。

这时，张家人一气之下写封加急信送给张英，要求他出面解决。张英看了信后，认为应该谦让邻里，他在给家里的回信中写了四句话："千里来书只为墙，让他三尺又何妨？万里长城今犹在，不见当年秦始皇。"家人阅罢，明白其中含义，主动让出三尺空地。吴家见状，深受感动，也主动让出三尺房基地，"六尺巷"由此得名。

《菜根谭》里说："自天子以至于庶人，未有无所畏惧而不亡者也。上畏天，下畏民，畏言官于一时，畏史官于后世。"曾国藩是我国近代史上的军事家、政治家和思想家，晚清第一名臣。"心存敬畏，行有所止"是曾国藩一生为官从政之道的核心准则。他之所以能取得如此大的成就，与其谋略过人、坚韧、不服输的精神有很大的关系，而他功成名就后的全身而退，则是得益于他的"敬畏"观。"敬"就是尊重，"畏"就是害怕。表现在内心就是不存邪念，表现在外就是持身端庄严肃有威仪。曾国藩认为，身处官场，必须懂得敬畏，"敬则无骄气，无怠惰之气。"只有心存敬畏才能有如履薄冰的谨慎态度，才能有战战兢兢的戒惧意念，也才能在变幻莫测、纷繁复杂的社会里不分心、不浮躁，不被私心杂念所扰，不为个人名利所累，保持内心的执着和清净，恪守心灵的从容和淡定。

对领导干部来说，心存所畏，就要自觉接受监督。严管就是厚爱，信任不能代替监督。从教育、提醒和防微杜渐的角度来说，监督是对干部最大的爱护、最好的保护、最真诚的帮助。如果没有主动增强接受管理监督的自觉意识，自我放纵，拒绝监督，难免陷入迷途，甚至自毁前程。古人说得好："家有黄金万两，每餐不过一饱；纵有广厦千间，每眠不足七尺。"不做亏心事、不怕鬼敲门，做人不能老是打心里那个小算盘，要会算大账、算总账、算明白账，对金钱财富要想得透、看得淡、看得轻，心安理得地吃饭、睡觉、做人、做官，做一个干干净净、一尘不染的好干部，这样才能在大事、大节上过得硬。监督是最好的"防腐剂"，可以防止领导干部在贪腐的道路上越陷越深；监督是一道"防火墙"，可以约束领导干部不犯错误或少犯错误；监督是一套"杀毒软件"，能够及时发现和纠正领导干部的缺点，不至于酿成无可挽回的大错。领导干部只有把自觉接受监督作为一种习惯，才能有效地避免决策失误、执行失真、行为失范，才能一以贯之、树立公信、赢得民心。

"贿随权集"是清代历史学家赵翼总结历代贿赂现象，得出的一个历史结论，意思是行贿围绕权力而运行。赵翼分析了明代查抄权贵家产的事件，从中发现豪富之家往往是两类人，一类是宦官，一类是权臣。赵翼从中悟出了门道："凡势之所在，利即随之。""是可知，贿随权集。权在宦官则贿亦在宦官，权在大臣则贿亦在大臣，此权门贿赂之往鉴也。"赵翼的这一结论，可谓一语中的。哪里有权力，哪里就有笑脸、恭维，投其所好、送其所要、拉其下水。一旦你手中没有了权力，那些"贿者"便如追腥逐臭之徒，集于另外的当权者身边。领导干部在诱惑考验面前，决不能见钱眼开，财迷心窍，见利忘义，特别在一些领域，资金密集、资源富集、权力集中，权力寻租空间大，"靠权吃权""靠啥吃啥"式贪腐就容易多发高发。"权力守护"变成了"利益寻租"，其带来的危害可想而知。领导干部手握国家权力，关乎民众疾苦，必须要珍惜自己的政治生命，警惕"贿随权集"现象，守住为官从政的底线。

赵翼："贿随权集"定律

将弁贿嵩，不得不胺削士卒；有司贿嵩，不得不拾克百姓。徐学诗劾嵩疏谓，都城有警，嵩密运财南还，大车数十乘，楼船十余艘。王宗茂劾嵩谓，文吏以赂而出其门，则必剥民之财。武将以赂而出其门，则必勃军之饷。陛下帑藏不足支诸边一年之费，而嵩所积可支数年，与其开卖官爵之令，何如籍其家以纾患。赵锦劾嵩谓，边臣失事，纳赇于嵩，无功可受赏，有罪可不诛。文武大臣之赠谥，迟速予夺，一视赂之厚薄。张翀劾嵩谓，文武将吏，率由贿进。户部发边饷，朝出度支之门，暮入奸嵩之府，输边者四，馈嵩者六。边镇使人伺嵩门下，未馈其父，先馈其子；未馈其子，先馈家人，家人严年已逾数十万。董传策劾嵩谓，边军岁饷数百万，半入嵩家，吏、兵二部持簿就嵩填注，文选郎万寀、职方郎方祥，人称为文、武管家。嵩赀多水陆舟车载还其乡，月无虚日。邹应龙劾嵩谓，嵩籍本袁州，乃广置良田美宅于南京、扬州，无虑数十所。合诸疏观之，可见嵩之纳贿，实自古权奸所未有。其后陈演罢相，以赀多不能行，国变后，为闯贼所得。亦皆非宦官也。是可知贿随权集，权在宦官则贿亦在宦官，权在大臣则贿亦在大臣，此权门贿赂之往鉴也。

——清·赵翼：《廿二史札记》节选

　　这个故事是说：将士贿赂严嵩，就不得不剥削士卒；官吏贿赂严嵩，就不得不搜刮百姓。徐学诗弹劾严嵩的奏疏中说，京城有传言，严嵩秘密地把财物运回南方，有几十辆大车和十多艘楼船。王宗茂弹劾严嵩说，文官通过贿赂而升官，就必然剥削百姓的财物。武将通过贿赂而升官，就必然克扣军队的军饷。陛下的国库藏不足以支付各边疆一年的费用，而严嵩所积存的可以支付好几年，与其发布开卖官爵的法令，不如抄没严嵩的家产来解除祸患。赵锦弹劾严嵩说，边疆的大臣失事，就向严嵩交纳钱财，没有功劳可以受赏赐，有罪行可以不诛杀。文武大臣的追赠谥号，赐予或剥夺，都取决于贿赂的多少。张翀弹劾严嵩说，文臣武将，大都通过贿赂而得到晋升。户部发放边疆军饷，早上从度支部门出去，晚上就进入严嵩的府中，运到边疆的只有四分，送给严嵩的有六分。边疆镇守的派人到严嵩的门下伺候，没有贿赂他的父亲，先贿赂他的儿子；没有贿赂他的儿子，先贿赂他的家人，他的家人严年已经超过几十万了。董传策弹劾严嵩说，边疆军队每年的军饷有几百万，有一半进入严嵩的家，吏部、兵部拿着册子到严嵩那里填写，文选郎万寀、职方郎方祥，人们称他们为文、武管家。严嵩用很多水陆车船把财物运回他的家乡，每月没有空虚的日子。邹应龙弹劾严嵩说，严嵩的籍贯本来是袁州，于是在南京、扬州广泛购置良田美宅，不下几十所。综合各奏疏来看，可以看到严嵩的受贿，实在是自古以来当权的奸臣所没有的。后来陈演罢相，因为严嵩的财产太多不能带走，国家变乱后，被闯王所得。也都不是宦官。这可以知道贿赂随着权力而集中，权力在宦官那里贿赂就在宦官那里，权力在大臣那里贿赂就在大臣那里，这是权力贿赂现象的历史鉴戒。

"思无邪"则"行有矩"。领导干部知敬畏、存戒惧、守底线，就要心有所畏、言有所戒、行有所止。对领导干部来说，心有所畏就要常修为政之德、常怀律己之心、常思贪欲之害、常弃非分之想。常修为政之德，就是要始终牢记党的宗旨，坚持廉洁奉公、勤政为民；常怀律己之心，就是要自重、自省、自警、自励和慎权、慎欲、慎情、慎独，清廉自守，在任何情况下都能稳得住心神、管得住手脚、抗得住诱惑、经得起考验，主动拒腐防变，赢得群众信赖；常思贪欲之害，就是要常以他人的教训警诫自己，防微杜渐，如果欲壑难填，必将身败名裂、家庭遭殃；常弃非分之想，就是要甘于清贫，耐得住寂寞，做到不该拿的东西不拿，不该去的地方不去，不该做的事情不做，把人民赋予的权力真正用来为人民服务，做到无愧于党、无愧于民。

言有所戒就是谨记言为心声，行为心表，做到谨言慎行、言行一致。我国自古就有"一言以兴邦，一言以丧邦"的明训。习近平总书记多次告诫领导干部要"言有所戒"。党员干部说话导向性强、关注度高、影响面广，应当把谨言慎行作为严以律己的重要内容。一些领导干部一朝权在手、便把利来谋，党性修养沦为空谈、纪法观念荡然无存。他们不愿在制度的笼子中行使公权力，自认可以凌驾于纪法之上，不知不觉间已经站到了党和人民的对立面。他们说话打官腔、办事没原则，嚣张跋扈、气焰逼人，最终导致翻车落马。像河南省郑州市规划局原副局长逯军的"你是准备替党说话，还是准备替老百姓说话？"不仅暴露了其党性修养的缺失，更折射出纪法观念的淡薄。因此，作为领导干部，要时刻谨记自己的身份，讲话要看对象、看场合、看时机，自觉做到不符政策的话不说，违背原则的话不说，有碍大局的话不说，不利团结的话不说，不负责任的话不说。

任长春开会爆粗口事件

2014 年 4 月 30 日，时任山西省古交市汽车客运管理办公室（以下简称"客运办"）主任任长春，在全体干部职工大会上口出狂言："国家规定是个狗屁，你们把我这个话记着。如果哪个人再给我说什么发不了工资，迟早给我滚得远远的。我知道法律是干啥的，我就不讲法，你们把我这个话记住。"任长春还称："我说谁是腐败谁就是腐败……古交的一些领导，我就不鸟他。"

事件发生后，任长春被停职，有关部门进驻调查。2015 年 12 月 8 日下午，中纪委官方网站发布"山西省纪委通报 5 起党风廉政建设责任追究典型案件"通报。通报称，2014 年 4 月，古交市汽车客运管理办公室主任任长春在安排工作期间，违反政治纪律，造成恶劣影响，2015 年 5 月，任长春受到开除党籍、撤销行政职务处分。与此同时，古交市交通运输局党总支书记闫祥明、局长闫元亮因履行主体责任不到位，分别受到党内严重警告和党内警告处分，并作出深刻书面检查；纪检组组长刘俊亮因履行监督责任不到位，被诫勉谈话，并作出深刻书面检查。

行有所止是指在行为上有所禁止。领导干部身份特殊，一言一行都在民众的监督下，说错话做错事都会引起强烈反响。古有"瓜田不纳履，李下不整冠"之说，领导干部身处要职、手握公权，更应该身正为范、行有所止，将党性、作风、德行摆在首位，才能避免行为跑冒滴漏、正道走偏。"君子有所为有所不为",只有"行有所止"才能"为有所成"。行有所止,不是让领导干部不作为,而是指从政为官应心怀审慎,行使权力当有自我约束,思想深处能明底线守原则。只有站得正、行得端、过得硬,才能树立起风清气正的良好廉洁形象。上有所好,下有所效。"楚王好细腰,宫中多饿死。"领导干部要带头做好表率,带头加强学习,带头严格自律,带头清正廉洁,带头勤勉敬业,严格遵守中央八项规定精神和相关要求,自觉抵制不良风气,厉行勤俭节约,管住眼,不该看的东西坚决不看;管住嘴,不该吃的宴请坚决不吃;管住腿,不该去的场所坚决不去;管住手,不该要的东西坚决不伸手,不该管的事情坚决不插手,该自己管的事再难也不袖手。

习近平总书记多次强调,廉洁自律是共产党人为官从政的底线,鱼和熊掌不可兼得,当干部就不要想发财,想发财就不要当干部。身为领导干部,要牢记习近平总书记的谆谆告诫,时刻牢记权力来自人民,当为民所用,知敬畏、存戒惧、守底线,自重自省自警自励,慎独慎微慎始慎终,慎言慎行慎欲慎友,涵养为民务实清廉的政治品格,永葆忠诚干净担当的政治本色。

一是要坚守政治底线。讲规矩、守底线是贯穿党百年奋斗历程的鲜明特征和成功密码。我们党是用革命理想和铁的纪律组织起来的马克思主义政党,讲规矩、守底线是党的优良传统和政治优势,是我们党百年来始终坚守初心使命、战胜一切困难、谱写辉煌篇章的重要成功密码。领导干部必须在遵规守纪上有更高的自觉、更严的自律,时刻绷紧纪律规矩这根弦,始终做到心有所守、身有所循、行有所止,做人不逾矩、办事不妄为、用权不违规,自觉在遵规守纪上走前头、立标杆。

二是要筑牢思想防线。思想是行动的先导,政治上的坚定来源于理论上的清醒。思想上松一寸，行动上就会偏一尺，没有理论上的清醒，必然导致理想信念动摇丧失，甚至世界观、人生观、价值观全面蜕变，最终与党离心离德，走上违法犯罪的不归路。作为领导干部，不仅要想干事、能干事、干成事，也要不断提高理论素养、理论水平、政治能力，做一名信仰坚定、头脑清醒、本领高强的马克思主义者。任何腐败行为都是从思想蜕化开始的，都有一个思想演变过程。思想的防线守不住了，其他防线也就很难守得住。领导干部往往位高权重，很容易成为被"围猎"的对象，更要时刻加强自身思想道德修养，把加强学习、增强党性、坚定信念作为为人处世的头等大事抓紧抓好，在"乱花渐欲迷人眼"的诱惑干扰面前，不断增强"乱云飞渡仍从容"的战略定力、纪律定力、道德定力、行为定力，夯实拒腐防变基础，筑牢思想意识防线。

三是远离法纪红线。权力不受约束，必然导致腐败，依法依纪用权是保证权力正确运行的关键。领导干部要心中高悬法律的明镜，手中紧握纪律的戒尺，严格按照法定权限和党的纪律规矩办事，把人民赋予的权力真正用来为人民服务。领导干部必须树立正确的权力观，在制度面前不搞特权，法律面前没有例外，坚决不越"雷池"、不闯"红灯"、不碰"高压线"，坚持用制度办事、用制度管人，管好关键人、管到关键处、管住关键事、管在关键时，坚持以身作则、率先垂范，时刻警钟长鸣，将党纪国法内化于心、外化于行，在利益面前保持定力、抵制诱惑，坚守住公私分明界限和党纪国法底线。

三、坚持公正用权、依法用权、为民用权、廉洁用权

牢固树立正确的权力观，必须防止权力错位，公权私用，决不

能把权力作为徇私谋利的工具。对领导干部来说，手中都掌握着一定的权力，党和人民把权力交给我们，交的是担子、是责任、是重托。作为领导干部，要真正把"官"看成为人民服务的岗位，把"权"当成为人民服务的工具，而不能把权力变成谋取私利的特殊商品。习近平总书记强调："各级领导干部要牢固树立正确权力观，保持高尚精神追求，敬畏人民、敬畏组织、敬畏法纪，做到公正用权、依法用权、为民用权、廉洁用权，永葆共产党人拒腐蚀、永不沾的政治本色。"① 领导干部有强烈的上进心是好事，积极进取、追求进步，不仅是事业发展的根本动力，也是个人成长的内在要求。但如果本末倒置，一味追求职位的提升、权力的扩大，"官老爷"思想严重、"官本位"意识作祟，就可能会引火烧身，被不断膨胀的熊熊权欲之火吞噬。作为领导干部，必须时刻保持如履薄冰、如坐针毡的掌权用权态度，以平常心对待权力升迁，以责任心干好分内工作，视名利淡如水、看事业重如山，靠素质立身、靠实绩进步，切实做到亲不越法、情不越规、爱不越德，做到抵得住诱惑，耐得住寂寞，守得住清贫，真正使权力干干净净，光明磊落地为人民服务。

树牢正确的权力观，公正用权是前提。明朝学者汪天锡在《官箴集要》讲："居官守职以公正为先，公则不为私所惑，正则不为邪所媚。"领导干部公正与否，主要取决于能不能正确对待和使用手中权力。倘若丧失对诱惑的警惕之心，贪欲的闸门一旦打开，思想暗处的滚滚浊流就会如滔天洪水汹涌而至，权力观一旦产生偏差，权力滥用、以权谋私、权力寻租则会如影附随，最终必定会陷入贪腐的泥沼中不能自拔，祸及自身。只有秉公用权、公道处

---

① 习近平：《在庆祝中国共产党成立 95 周年大会上的讲话》，《求是》2021 年第 8 期。

事，把权力关进制度的笼子里，让权力在阳光下运行，才能防止权力出轨、越轨现象的发生。坚持公正用权，就要坚守"不别亲疏，不殊贵贱，一断于法"的公心，做公正用权的"掌权人"。不论什么人，不论其职务多高，只要触犯了党纪国法，都要受到严肃追责和严厉惩处。作为领导干部，不仅要以脚踏实地的工作态度理清公与私、情与法、利与义的关系，也应以敢于碰硬的工作作风拍"苍蝇"、打"老虎"，以"亦余心之所善兮，虽九死其犹未悔"的刚毅守护正义，以"虽不能至、心向往之"的态度追求正义，行好公正之举，办好公平之事。

公平正义是人类追求美好社会的永恒主题，也是社会发展进步的价值指向。改革开放40多年来，我国的经济社会改革取得了巨大进展，国家实力显著增强，社会大局总体稳定。但也应该清醒地看到，我们的改革发展在取得巨大成就的同时，也面临着一系列的挑战：道德滑坡现象屡见不鲜，社会诚信缺失事件不断出现，贪污受贿行为屡禁不止，贪腐案件层出不穷，必须下大力气重点加以解决。特别是当前，我国正处于新旧体制转换的改革过程中，旧的体制、旧的制度、旧的规则已经开始更替，但新的体制、新的制度、新的规则还不是很完备，这就为权力滥用、违法违纪提供了可乘之机。腐败是危害党的生命力和战斗力的最大毒瘤，反腐败是最彻底的自我革命。在社会转型的特殊时期，反腐败斗争在维护社会稳定、化解社会矛盾、促进社会公平正义的重要作用就逐渐凸显出来。在全面建设社会主义现代化国家新征程中，特别是在全面深化改革过程中，我们必须坚持公正用权原则，做到法律面前一律平等，制度面前没有特权，腐败查处没有例外，充分体现公平正义的内在要求。

一是法律面前一律平等。它要求严格贯彻全面依法治国基本方略，严格落实全面从严治党战略要求，将反腐败工作纳入法治化、规范化、科学化轨道，体现公平正义的法治理念。从反腐败工作角度而言，法律面前一律平等主要包括以下几方面的含义：第一，法律面前一律平等是反腐败斗争的总要求，反对特权思想、严格查办一切违法乱纪案件是法律面前一律平等原则的应有之义。任何人只要触犯党纪国法，都要严惩不贷、绝不姑息。只有这样，才能体现法治反腐的内在要求，才能实现公平正义的反腐原则。第二，反腐败斗争的开展要依法进行，确保一切反腐行为都要符合法律规定、寻求法律依据。按照现代法治基本理念，法律凝聚了全体人民的利益和意志，本身就是公平正义价值的集体体现。反腐败工作如果严格依照法律进行，本身就符合公平正义的形式要求。第三，反腐败斗争应当遵循合理原则，符合公平正义的实质要求。反腐工作的开展除了形式上要依法进行之外，还要遵循实质性的合理性要求，做到公平处理、同等对待，杜绝选择性执法和倾向性执法，案件处理结果要与违法违纪行为的性质、程度相当，不能轻罪重罚，也不能重罪轻罚，杜绝畸轻畸重、同罪异罚，做到实质性上的公平正义。

二是制度面前没有特权。它要求要坚持以制度建设为导向，用制度管权管事管人，把容易出轨、越轨的权力关进制度的笼子里，确立公平正义的制度环境。制度，一般是指社会中调整特定关系的一系列习惯、道德、法律、规章、纪律等规定的总和，是要求社会成员共同遵守的办事规程或行动准则的统称。对于制度建设的重要性，邓小平同志强调，"制度好可以使坏人无法任意横行，制度不好可以使好人无法充分做好事，甚至会走向反面"，"领导制度、组织制度问题更带有根本性、全局性、稳定性和长期性。"[1] 1992

---

[1] 《邓小平文选》第二卷，人民出版社1994年版，第333页。

年，邓小平在南方谈话中进一步提出："恐怕再有三十年的时间，我们才会在各方面形成一整套更加成熟、更加定型的制度。"① 党的十八大之后，我们党着重提出"要把制度建设摆在突出位置"，强调"坚持用制度管权管事管人，让人民监督权力，让权力在阳光下运行，是把权力关进制度笼子的根本之策"。制度反腐必须体现公平正义的反腐原则，切实做到制度面前没有特权。一方面，当前反腐败工作必须要坚持不敢腐、不能腐、不想腐一体推进的体制格局，坚持标本兼治、综合治理、惩防并举、注重预防方针，深入推进反腐败斗争。各级领导干部特别是高级干部必须自觉遵守党纪政纪，严格执行关于党风廉政建设和反腐败斗争的各项规章制度，既严于律己，又加强对亲属和身边工作人员的教育和约束，绝不允许搞特权，确保制度建设的公平正义。另一方面，要严格按照党中央要求，加强党风廉政建设和廉政文化教育，规范并严格执行领导干部工作生活保障制度，不准多处占用住房和办公用房，不准超标准配备办公用房和生活用房，不准违规配备公车，不准超标准进行公务接待。在党和国家的廉洁纪律和廉政制度面前，人人平等，一视同仁，决不允许有超越于制度之上的特权行为和特权人物，确保制度约束的公平正义。

三是腐败查处没有例外。它要求做到党纪国法面前人人平等，腐败查处没有例外，不管涉及谁，都要一查到底，绝不姑息、绝不手软，确保案件查处中的公平正义。如果说"法律面前一律平等"确立的是国家法律层面的公平正义，"制度面前没有特权"确立的是党纪政纪层面的公平正义，那么"案件查处没有例外"确立的则是具体实践操作层面的公平正义。"徒法不足以自行"，虽然以预防腐

---

① 《邓小平文选》第三卷，人民出版社1993年版，第372页。

败、惩治腐败为目标的法律法规和党纪政纪，规定了非常明确的权力运行程序和非常严厉的制裁后果，但是仍然会有一小撮"老虎"和"苍蝇"，心存侥幸，逆势而为，以权谋私，企图利用手中的权力来掩盖自己的贪腐罪行，极力阻碍反腐败工作再进一步深入。因此，相比较法律法规和党纪制度层面的反腐，实践操作层面的反腐败斗争更难，也更为重要。腐败查处环节中是否能做到公平正义，是衡量整个反腐败斗争是否真正实现公平正义价值的直接体现。

树牢正确的权力观，依法用权是关键。坚持依法用权，就要严格按照法定程序行使权力，决不能随心所欲、徇私枉法。依法用权本质上是一种法治思维。法治是人类文明进步的重要标志，是治国理政的基本方式，是中国共产党和中国人民的不懈追求。法治兴则国兴，法治强则国强。从地位作用上看，全面依法治国是坚持和发展中国特色社会主义的本质要求和重要保障，是实现国家治理体系和治理能力现代化的必然要求，事关我们党执政兴国，事关人民幸福安康，事关党和国家长治久安。从全面依法治国与新时代中国特色社会主义建设的关系来看，中国特色社会主义法治是中国特色社会主义的重要组成部分，是中国特色社会主义事业发展前进的基本保障。从坚持中国特色社会主义政治发展道路到有序推进政治体制改革，从创建社会主义市场经济体制到加快转变经济发展方式，从加强社会主义文化强国建设到改善民生、加强生态文明建设，无一能离开法治的指导和保障作用。在这个意义上，加快建设社会主义法治国家，发展社会主义政治文明，推进社会主义政治体制改革，既是我国全面深化改革中不可或缺的核心环节，同时也是党和国家事业发展中必不可少的重要保障。

建设社会主义法治国家，实现国家各项工作法治化，是宪法的规定和党章的要求。宪法规定："中华人民共和国实行依法治国，建设社会主义法治国家。"党章规定："完善中国特色社会主义法律体系，加强法律实施工作，实现国家各项工作法治化。"2012 年11 月，党的十八大报告提出："提高领导干部运用法治思维和法治方式深化改革、推动发展、化解矛盾、维护稳定能力"，将"法治思维"和"法治方式"的要求扩大到全体领导干部。党的十八大以来，以习近平同志为核心的党中央高度重视法治建设，提出了一系列治国理政的新理念新思想新战略，法治思维和法治方式成为全党全国人民的价值共识和共同目标。2013 年11 月，党的十八届三中全会通过的《中共中央关于全面深化改革若干重大问题的决定》提出，要"坚持依法治理，加强法治保障，运用法治思维和法治方式化解社会矛盾"。2014 年10 月，党的十八届四中全会通过的《中共中央关于全面推进依法治国若干重大问题的决定》提出，"提高党员干部法治思维和依法办事能力"，"把善于运用法治思维和法治方式推动工作的人选拔到领导岗位上来"，强调"党员干部是全面推进依法治国的重要组织者、推动者、实践者，要自觉提高运用法治思维和法治方式深化改革、推动发展、化解矛盾、维护稳定能力，高级干部尤其要以身作则、以上率下"。2017 年10 月，党的十九大报告将法治思维作为执政本领的一项重要思维内容，提出"增强政治领导本领，坚持战略思维、创新思维、辩证思维、法治思维、底线思维，科学制定和坚决执行党的路线方针政策，把党总揽全局、协调各方落到实处"。① 2022 年10 月，党的二十大报告进一步提出，弘扬社会主义法治精神，传承中华优秀传统法律文化，引导全体人民做社会主义法治的忠实崇尚者、自觉遵守者、坚定捍卫者。建设覆盖城乡的现代公共法律服务体系，深入开展法治

---

① 《习近平著作选读》第二卷，人民出版社 2023 年版，第 56 页。

宣传教育，增强全民法治观念。推进多层次多领域依法治理，提升社会治理法治化水平。发挥领导干部示范带头作用，努力使尊法学法守法用法在全社会蔚然成风。①

坚持依法用权，树立法治思维，要求正确认识和处理法治与人治的关系。法治与人治最本质的区别在于权力来源和行使方式上。法治意味着，权力来源于人民授权，行使权力要依宪依法，宪法法律具有崇高地位。人治则意味着，权力来源于领导和上级，宪法法律不过是其任意支配的工具。法治的根本要求是"限权"，即限制权力，通俗地说就是"治官"。"这法那法，领导的看法最大""黑头不如红头，红头不如笔头，笔头不如口头"，这些错误说法实际上反映的是法治意识的缺失。法治要求法律面前没有特权，所有权力都要服从宪法和法律，不允许个人凌驾法律、权力超越法律而伤害社会公共利益和公民私人利益。

坚持依法用权是一种制度思维。制定法律、实施法律都要靠人来完成，这个过程必须以法治方式实现，体现法治精神的要求。片面强调人和权力的作用，忽视法的作用，将会导致以言代法、以权压法，甚至徇私枉法、以权废法，这方面的教训值得我们深刻汲取。应当坚决摒弃"长官意志至上""权力大于法律"的错误观念，坚决摒弃"官本位"和特权思想，牢固树立"民本位"和民主思想，全面遵守法律和各项制度的规定，依法运用权力，合法履行职责，既不能越权、滥权，也不能怠于行使职权。法治思维的一个根本要求是正确认识权力的来源和行使方式。我国宪法规定，我国是人民当家作主的社会主义国家，国家的一切权力属于人民，宪法法律是党和人民意志的体现。忠于宪法法律，就是忠于党，

---

① 《习近平著作选读》第一卷，人民出版社 2023 年版，第 35 页。

就是忠于人民；实施宪法法律，就是实现党的意志，就是落实人民的意志；维护宪法法律的权威，就是维护党的权威，就是维护人民的权威。法治思维是实现人民当家作主的必然要求。民主是实现法治的制度基础，而建立在民主基础上的法治是对民主真实性的制度保障，是对人民群众根本利益的维护。以法治为基础，能够使民主真正得到实现，能够促进社会公平正义，增进人民福祉。马克思主义权力观概括起来是两句话：权为民所赋，权为民所用。情是否为民所系，利是否为民所谋，源头和关键在于体现权为民所赋、权为民所用。要防止权力失范甚至权力滥用，就要科学配置权力，加强对权力的制约监督，建立决策科学、执行坚决、监督有力的权力运行体系，形成科学有效的权力制约和协调机制，监督权力行使的方向，保障权力行使的目标，维护人民群众的最根本利益。

树牢正确的权力观，为民用权是核心。坚持为民用权，就要始终把人民群众当"东家"，把自己当"伙计"，让权力成为为民造福的"公器"，而不是个人牟利的"私器"。"水能载舟，亦可覆舟"，要深刻体会和理解人民创造历史的观点，以及一切为了群众、一切依靠群众，对人民群众负责、相信人民群众、向人民群众学习的群众观点。没有群众的支持和拥护，法治建设就不能一帆风顺。因此，必须牢固树立法治建设的群众观念，始终站稳正确的群众立场。要坚持"群众利益无小事"的立场，把广大人民群众的根本利益实现好维护好。人民性是我国政权机关的根本属性。早在1948年9月，毛泽东在中共中央政治局会议上谈到新民主主义政权的性质时指出："我们是人民民主专政，各级政府都要加上'人民'二字，各级政府都要加上'人民'二字，各种政权机关都要加上'人民'二字，如法院叫人民法院，军队叫人民解放军，以示和蒋介石政权不同。"① 人民政府、人民公安、人民检察院、人民法院等政权机关前面都有"人民"二字，因此，要始终牢记为人民掌权、为人民执法、为人民服务。

中国共产党的初心是为中国人民谋幸福，使命是为中华民族谋复兴。党领导下的中国特色社会主义现代化建设的根本目的是保障人民的根本利益。习近平同志在当选中央委员会总书记后的首次公开讲话就指出："人民对美好生活的向往，就是我们的奋斗目标。"② 党的十八届四中全会强调全面推进依法治国的总目标必须坚持的一个原则就是坚持人民主体地位。党的十九大报告指出："全党必须牢记，为什么人的问题，是检验一个政党、一个政权性质的试金石。带领人民创造美好生活，是我们党始终不渝的奋斗目标。必须始终把人民利益摆在至高无上的地位，让改革发展成果更多更公平惠及全体人民，朝着实现全体人民共同富裕不断迈进。"③ 党的二十大报告进一步强调："治国有常，利民为本。为民造福是立党为公、执政为民的本质要求。必须坚持在发展中保障和改善民生，鼓励共同奋斗创造美好生活，不断实现人民对美好生活的向往。"④

因此，对公权力而言，满足人民群众的需要是最基本的工作方针，要把人民群众的需求作为工作的风向标，做到为官一任、造福一方，常怀忧患之思，常念人民之托，把人民群众的评价作为工作的试金石，把人民群众的事当作自己的事，把人民群众的小事当作自己的大事，从人民群众满意的事情做起，从人民群众

---

① 《毛泽东文集》第五卷，人民出版社 1996 年版，第 135—136 页。
② 《习近平著作选读》第一卷，人民出版社 2023 年版，第 60 页。
③ 《习近平著作选读》第二卷，人民出版社 2023 年版，第 37 页。
④ 《习近平著作选读》第一卷，人民出版社 2023 年版，第 38 页。

不满意的问题改起，自觉把群众满意作为衡量和检验工作成效的根本标准，建立健全以人民为中心、以民意为导向的工作机制，为人民群众安居乐业提供有力保障。正如习近平总书记指出的那样，领导干部"必须坚持从群众中来、到群众中去，广泛听取群众意见，尤其对群众'最盼、最急、最忧、最怨'的问题更要抓住不放，主动调研"。① 中华人民共和国的一切权力属于人民，作为执政党的中国共产党的根本宗旨是全心全意为人民服务。安居乐业是人民群众在任何情况下的最基本的现实需求，也是解决温饱之后面临的首要需求，是实现国家安定有序、社会和谐稳定的前提。因此，在工作中必须尊重人民群众的主体地位，把依法维护人民群众的合法权益，保障人民群众的生命和财产安全作为基本职责。

"三大纪律八项注意"

1927 年秋收起义后，毛泽东率领工农红军向井冈山进发。上山之前，正值当地红薯收获的季节，由于有的战士纪律性不强，肚子饿了就顺手挖吃了老乡的红薯，老乡对此颇有意见；有的战士行动散漫、不听指挥，打土豪没收的东西不交公，塞入自己的腰包。偷吃一个红薯事小，损害群众利益事大。于是在部队出发前，毛泽东在江西茨坪荆竹山"雷打石"前向部队讲话，要求大家一定要和山上的群众搞好关系，还郑重宣布了三大纪律：第一，行动听指挥；第二，不拿老百姓一个红薯；第三，打土豪要归公，这也成为中国工农红军"三大纪律"的雏形。

---

① 《习近平谈治国理政》第一卷，外文出版社 2018 年版，第 426 页。

1928 年 1 月，部队进驻遂川县城，分散到县城周围农村发动群众时，提出了六项注意：上门板，捆铺草，说话和气，买卖公平，借东西要还，损坏东西要赔。同年 3 月底，部队到达湖南省桂东县沙田村。4 月初，向全体官兵正式宣布三大纪律六项注意，将"不拿群众一个红薯"改为"不拿工人农民一点东西"。

1929 年 1 月，根据形势的发展和部队的实践经验，"六项注意"中又增加了两项：洗澡要避女人、不搜俘虏的腰包，形成了最初的"三大纪律八项注意"。

工农红军的步伐一路向前、走过大江南北，对纪律的要求也在不断丰富发展。三大纪律中，"行动听指挥"改为"一切行动听指挥"，"不拿工人农民一点东西"改为"不拿群众一针一线"，"打土豪要归公"改为"筹款要归公"，后又改为"一切缴获要归公"。随着作战环境的变化，原先在南方宿营时要用"门板"和"稻草"铺地睡觉的情况，在红军主力长征转移到北方以后不再有了。这两项内容因与革命斗争的需要不相适应，在抗日战争时期也就不再出现。"八项注意"的内容相应地补充完善为：说话和气；买卖公平；借东西要还；损坏东西要赔；不打人骂人；不损坏庄稼；不调戏妇女；不虐待俘虏。

1935 年 10 月，红 15 军团政治部秘书长程坦，在给官兵讲解布告时想到，如果把"三大纪律八项注意"这些军纪条文编成朗朗上口、通俗易懂的歌词，更便于红军官兵牢记。于是，他与任宣传科科长的刘华清商量，借用鄂豫皖苏区流行的歌曲《土地革命已经成功了》的韵律，完成了《红色军人三大纪律八项注意歌》。由于歌词易记、旋律简单，这支嘹亮的军歌很快在部队中传唱开来。

1947 年 10 月 10 日，由于解放战争对人民军队的政治纪律、军事纪律和群众纪律提出更高要求，毛泽东起草了《中国人民解放军总部关于重新颁布三大纪律八项注意的训令》，对原先"各地各军略有出入"的内容作了统一规定。《训令》指出："本军三大纪律八项注意，实行多年，其内容各地各军略有出入。现在统一规定，重行颁布。望即以此为准，深入教育，严格执行。""三大纪律"是：一、一切行动听指挥；二、不拿群众一针一线；三、一切缴获要归公。"八项注意"是：一、说话和气；二、买卖公平；三、借东西要还；四、损坏东西要赔；五、不打人骂人；六、不损坏庄稼；七、不调戏妇女；八、不虐待俘虏。

自此，"三大纪律八项注意"就以命令的形式固定下来，成为全军的统一纪律。它对统一全军纪律，加强部队的思想和作风建设，具有重大的意义。

为官一任，当造福一方。为什么人的问题，是检验党员干部权力观的试金石。时刻心系人民安危冷暖，把为民造福作为最重要的政绩，才能交出人民满意的答卷。领导干部要秉公用权、心系百姓，突出问题导向、坚持求真务实、真抓实干，从实际出发谋划事业和工作，推动工作往实里做、往百姓心坎上做，不搞华而不实的面子工程，多办雪中送炭的好事实事，力戒形式主义的花拳绣腿，反对官僚主义的作风做派。群众之事无小事，一枝一叶总关情。作为领导干部，须将"权为民所赋，权为民所用"的职责牢记于心，自觉站在群众立场上想问题、作决策、办事情，不断追求"民之所忧，我必念之；民之所盼，我必行之"的精神境界，当好民心民意的"传声筒",做好民生民利的"维护人",以实际行动走好新时代党的群众路线,用辛苦指数换取人民群众的幸福指数。

树牢正确的权力观,廉洁用权是目的。坚持廉洁用权,就是不该要的坚决不要,不该拿的坚决不拿,不该去的地方坚决不去,确保权力运行不偏向、不变质、不越轨。权力是把双刃剑,正确运用权力,掌权为公,执政为民,就会使权力造福人民;滥用权力,掌权为己,以权谋私,就会因权力祸害人民。邓小平同志曾经告诫全党说:"我们拿到这个权以后,就要谨慎。不要以为有了权就好办事,有了权就可以为所欲为,那样就非弄坏事情不可。"① 权力与责任是相连的,没有不负责任的权力。领导干部把权力集中到自己手上,同时也把利益集中到个人身上,就会把矛盾集中到自己身上,意味着也就把灾害揽到了个人身上。"唯奉三尺之律,以绳四海之人"。在运用权力时一定要以如临深渊、如履薄冰的心态谨慎行事,正确处理好权力与责任的关系,切不可滥用权力,谋取私利。

为官不贪最是高,一心为民乃英豪。在中华优秀传统文化中,清正廉洁代表着一种政治思想主张,是"内圣外王"的一种高尚品德,是为官从政必须具备的行为品德。战国时期伟大诗人屈原在《楚辞·招魂》中说:"朕幼清以廉洁兮,身服义而未沫。"东汉著名学者王逸在《楚辞·章句》中注释说:"不受曰廉,不污曰洁。"广为流传的《官箴》说:"公生明,廉生威。"这些都蕴含着古人对廉洁的推崇。人生唯有廉洁重,世界须凭气骨撑。清正廉洁就是"一身正气,两袖清风"。古代官服的宽袖可以载物,两袖一抖,贪官污吏常常抖出赃银贿财,而清官廉吏只能抖出"两袖清风",

---

① 《邓小平文选》第一卷,人民出版社1994年版,第303—304页。

隐喻为堂堂正正做人、清清白白做官、干干净净做事。

"为政之要，贵在得人；得人之要，贵在用人；用人之要，贵在清廉"。领导干部是党和国家发展的中坚力量，必须时刻保持清醒大脑，管住自己的双手，不为利益去张口，不为钱财去伸手，以"风正一帆顺，清廉得民心"的从政态度恪守律己之心，筑牢防腐拒贪思想城墙，远离贪腐欲望雷池，用清清白白的心和干干净净的手，解好群众难事、办好群众实事，真正做到全心全意为人民服务。清正廉洁是领导干部行稳致远的"密码"，领导干部要想在前行路上始终秉持初心、不忘本色，就需要扣好廉洁自律的"第一粒扣子"，树立正确的权力观，在自我净化、自我完善、自我革新、自我提高的过程中，把不敢腐的强大震慑效能、不能腐的刚性制度约束、不想腐的思想教育优势结合起来，真正地做到公正用权、依法用权、为民用权、廉洁用权。

唐朝诗人杜荀鹤的《泾溪》诗写道："泾溪石险人兢慎，终岁不闻倾覆人。却是平溪无石处，时时闻说有沉沦。"这首诗说，泾溪中石头多，水流急，十分危险，过往的人战战兢兢，小心谨慎，所以一年到头也没听说有谁落水。倒是那水流平稳，没有石头的地方，常常听说有人溺水，用以说明险路令人不敢大意，所以平安无事，坦途往往使人掉以轻心，反而出事。这首富有哲理的诗，常用以比喻逆境险情迫使人审慎小心，因而能转危为安，而顺境反而使人放松警惕，导致挫折或失败。确实，人在困境、险境、恶境之中谨慎小心，格外警惕，所以安然无事，而在顺境、佳境之中得意忘形，忘乎所以，往往容易翻船。人在风光处，最不容易看到自己的短处。因此，愈是个人成长、进步顺利的时候，愈是要保持清醒的头脑，不能见喜忘忧，自松其绑，时刻谨记履平防险、浅水防深。

领导干部要培育清正廉洁的品格风气，首先要涵养淡泊名利的道德修养。三国时期诸葛亮在《诫子书》中说："夫君子之行，静以修身，俭以养德。非淡泊无以明志，非宁静无以致远。"对个人来说，德为立身之本，俭为养德之道。勤俭节约可以降低人的物质欲望，减少外物的刺激需求，通过清心寡欲来修身养性，提升内在的道德修养。而奢靡享乐则是欲望膨胀的开始，是走向腐化堕落的第一步。一旦迈开这一步，就会利欲熏心，最后欲壑难填而自取灭亡。我们党的性质和宗旨决定了党的根基在人民、血脉在人民、力量在人民，每一名领导干部都应当正确对待名利、树立正确的权力观。如何正确对待名利，是对广大党员干部的重要考验。领导干部要保持敏锐的政治感知力、清晰的理论辨别力、高效的政策执行力，坚守底线、不越红线，立足本职岗位、扎实工作，用心用情解决好群众急难愁盼问题，把主要精力放在对理想、事业的追求上，才能耐得住寂寞、经得住诱惑、管得住小节，才能放得下名利、听得进民意、用得好权力。领导干部要善于从点滴的积累来实现党性修养的提升，始终做到讲党性、重品行、作表率，行使好手中的权力，在为人民服务的过程中实现共产党人的初心使命。

明代冯梦龙《醒世恒言》记载了一篇"薛录事鱼服证仙"的故事：官吏薛伟梦中化鱼，肚中饥甚，恰逢渔人垂钓，只闻得饵香，想道："我明明知他饵上有个钩子。若是吞了这饵，可不被他钓了去？我虽是暂时变鱼耍子，难道就没处求食，偏只吃他钓钩上的？"再去船旁周围游了一转，怎当那饵香得酷烈，恰似钻入鼻孔里的一般，肚中又饥，怎么再忍得住，方才把口就饵上一含，还不曾吞下肚子，早被渔人钓上来了。冯梦龙对此点评道，"眼里识得破，肚里忍不过"。明代刘元卿《贤奕编·警喻》中也记载了一个"猩猩嗜酒"的寓言故事：猩猩喜欢喝酒，猎人于是投其所好，在山下摆放了许多酒。猩猩闻到酒香后，虽然知道猎人是想用酒作诱饵，但仍然经受不住酒香的诱惑，还是上前尝了一小口。如此美酒怎能只喝一口！于是又尝了一大杯，慢慢地放松了警惕，开怀畅饮，最后醉倒，被猎人轻而易举地捕获。

心定则有恒，志坚而不惑。如果心里缺乏定力，自然遇到点事情就胡思乱想、自乱阵脚。当今社会机遇多，诱惑也多，诸如权力的诱惑、利益的诱惑、美色的诱惑、物欲的诱惑等等，时刻冲击、腐蚀着人们的灵魂。面对这些诱惑，一个人成与败、善与恶、廉与腐，往往不过是一念之差。对此，我们必须在任何时候、任何情况下，都能坚持原则、严守底线、严格自律，不为各种物诱所动，不为各种利益所惑，始终做到"世事无常，心中有主"。原则不能突破，底线不能跨越。非我所有，虽一丝一毫而不取。"勿以善小而不为，勿以恶小而为之"。一个人只有知敬畏，守底线，存戒惧，才能筑牢自己的道德底线，守住自己的精神家园，成就自己的意义人生。

许衡：梨无主，吾心独无主乎？

《元史·许衡传》：许衡，字仲平，怀之河内人也，世为农。幼有异质，七岁入学，授章句，问其师曰："读书何为？"师曰："取科第耳！"曰："如斯而已乎？"师大奇之。每授书，又能问其旨义。久之，师谓其父母曰："儿颖悟不凡，他日必有大过人者，吾非其师也。"遂辞去，父母强之不能止。如是者凡更三师。稍长，嗜学如饥渴，然遭世乱，且贫无书。既逃难徂徕山，始得《易》王辅嗣说。时兵乱中，衡夜思昼诵，身体而力践之，言动必揆诸义而后发。尝暑中过河阳，渴甚，道有梨，众争取啖之，衡独危坐树下自若。或问之，曰："非其有而取之，不可也。"人曰："世乱，此无主。"曰："梨无主，吾心独无主乎？"

这个故事是说：许衡，字仲平，怀州河内人，世代务农。自幼就有与众不同的气质，七岁入学，老师交给学生剖章析句，许衡问他的老师说："读书是为了干什么？"老师说："为了科举考试中第！"许衡说："就为了这个吗？"老师大为惊讶。每次教他读书，他都要问书文的旨义。时间长了，老师对他的父母说："这个孩子聪明非凡，将来有一天肯定能远远超出常人，我不适合当他的老师。"于是告辞离去，许衡的父母极力挽留也没能留住。像这样共换了三任老师。逐渐长大之后，许衡嗜好读书如饥似渴，可当时遭遇天下大乱，且家里贫穷，没有藏书。后来逃难到徂徕山，才开始得到王辅嗣对《易》的解说。当时正处在战乱时期，许衡晚上思考，白天诵读，亲身体验，努力践行，举止言谈一定要揣度书中的大义然后才实行。曾经在酷暑天路过河阳，渴得很厉害，道旁边有棵梨树，大家都争着摘梨吃，唯独许衡在树下正身独坐，神情自若。有人问他为什么不摘梨吃，他回答说："不是自己的却拿来吃，是不可以的。"那人说："世道混乱，这棵树是没有主人的。"许衡回答："梨树无主，我的内心难道也没有主人吗？"

清代《官箴》说："吏不畏吾严而畏吾廉，民不服吾能而服吾公。公则民不敢慢，廉则吏不敢欺。公生明，廉生威"。由此可见清正廉洁对于领导干部权威的树立至关重要。随着领导干部职务的升迁、地位的变化，思维和观念往往也会随之发生转变。但领导干部的思想境界、党性修养、理论水平并不会随着职务的升迁而自然而然地跟着提升。如果领导干部职务和权力上去了，但思想和认识达不到应有的高度，甚至把权力当作是谋取好处的手段和筹码，则是对党和人民信任的亵渎，是对党的事业最大的不负职责，也是对个人前途命运的极大危害。面对金钱与物欲的诱惑，领导干部要始终牢记权力的来源和用途，时刻牢记权力来自人民，当为民所用，把权力、职责和服务有机结合起来，做到不义之财不取、不法之物不拿、不仁之事不为，切实增强廉洁用权的观念，时刻保持共产党人艰苦朴素、公而忘私的光荣传统，明大德、守公德、严私德，清清白白做人、干干净净做事，做到克己奉公、以俭修身、心中有戒。

"千里之堤，溃于蚁穴"。廉洁用权要坚决杜绝权权交易、权钱交易、权色交易，廉洁从政、廉洁用权、廉洁做人，为人民用好权尽好责，不以权谋私利，在日常小事上守得住操守，在大是大非面前经得住考验，在思想和作风上始终坚守底线，永葆共产党人的风骨、气节和胆魄，在前行道路上走得更稳、更久、更远。领导干部廉洁用权就要矢志不渝坚守廉洁初心，时刻以党纪法规为准绳，时刻绷紧纪律之弦，做政治上的"明白人"、纪律上的"清醒人"、廉洁上的"干净人"，自觉把思想和行动统一到党中央全面从严治党要求上来，把人民拥护不拥护、人民赞成不赞成、人民高兴不高兴、人民答应不答应作为工作的着力点和根本点，把党纪国法作为为官从政、干事创业必须遵循的规矩纪律，真正做到立党为公、执政为民。廉洁用权就要厉行节约、反对浪费。铺张浪费、奢靡享乐，不仅浪费有限资源，更会腐蚀人的心灵、消磨人的意志、败坏党风政风，最终会严重损害党的先进性和纯洁性、严重损害党的执政基础和执政地位。领导干部必须牢记"奢靡之始，危亡之渐"的古训，不忘"成于困约、败于奢靡"的教诲，懂得"一步走错、满盘皆输"的危害，明白"清廉是福、贪欲是祸"的道理，增强"为官一任、造福一方"的意识，时刻保持清醒头脑，坚决抵制享乐主义、奢靡之风，以"检身若不及"的自觉要求自己、反思自己，主动查找是否存在生活奢靡、贪图享乐、追求低级趣味等问题，勇于改正自身的缺点和不足，确保在生活作风上清正廉洁、一身正气，以好的作风振奋精神、激发斗志、树立形象、赢得民心。

第三章　树立和践行正确的政绩观，始终坚持人民至上

　　为官之道，首在政绩观。政绩观是为政之德、从政之道、施政之要。干事创业，必先树牢正确政绩观。政绩为谁而树、树什么样的政绩、靠什么树政绩，不仅影响到领导干部自身健康成长，更关系到党、国家事业兴衰。政绩观是世界观、人生观和价值观在领导干部身上的具体体现，是衡量领导干部履职尽责、干事创业的一把标尺。党的二十大报告提出："完善干部考核评价体系，引导干部树立和践行正确政绩观，推动干部能上能下、能进能出，形成能者上、优者奖、庸者下、劣者汰的良好局面。"① 习近平总书记指出："要

---

① 《习近平著作选读》第一卷，人民出版社2023年版，第55页。

教育引导广大党员、干部学思想、见行动，树立正确的权力观、政绩观、事业观，增强责任感和使命感。"①领导干部要厚植为民情怀，锤炼坚强党性，树牢正确政绩观，把正从政、谋事、创业的"总开关"，扑下身子察实情、谋实招，以深化调查研究推动解决发展难题，真抓实干推动高质量发展，创造出经得起实践、人民和历史检验的实绩。

一、把为民造福作为最重要的政绩

民之所向，政之所盼。民心是最大的政治，民生是最大的政绩。中国共产党除了工人阶级和最广大人民群众的利益，没有自己特殊的利益。对此，共产党人必须要不忘初心、牢记使命，敢于担当、勇于负责，坚持权为民所用、情为民所系、利为民所谋，想群众之所想、急群众之所急、忧群众之所忧，切实做到发展为了人民、发展依靠人民、发展成果由人民共享，真正使全体人民在共建共享发展中有更多的获得感、幸福感、安全感。中国共产党的历史，就是为人民谋幸福、为民族谋复兴的奋斗史；中国共产党人的追求，就是让全体中国人都过上更好的日子。自诞生之日起，中国共产党就把"人民"二字写在旗帜上、融入血液里。100多年来，我们党始终紧紧依靠人民、一切为了人民，在一代又一代共产党人的接续努力下，赢得了人民的信任与支持，不断实现人民对美好生活的向往。进入新时代，为了让人民群众过上更好的日子，以习近平同志为核心的党中央坚持以人民为中心的发展思想，稳经济、促发展，战贫困、建小康，控疫情、抗大灾，应变局、化危

---

① 习近平：《在学习贯彻习近平新时代中国特色社会主义思想主题教育工作会议上的讲话》，人民出版社2023年版，第5页。

机，不断把为人民造福事业推向前进。

政绩是党员干部尤其是领导干部从政、干事、作为，进而取得实实在在业绩的直接体现，政绩观是党员干部世界观、人生观、价值观和权力观、地位观、利益观、事业观等在干事创业中的体现。政绩观正确与否，反映出领导干部政治上是否成熟，对事业发展和个人成长至关重要。政绩观正确与否，不仅影响到干部个人的健康成长，更关系到党和人民事业发展。为官一任，造福一方。领导干部都在意"政绩"二字。但怎么认识政绩的内涵和要求，决定了为官从政者的眼界和追求。政绩观是一面镜子，从中可以看出领导干部的党性修养、政治立场、境界格局。政绩观端正不端正、正确不正确，在相当程度上决定了我们事业的成败。党的十八大以来，习近平总书记高度重视领导干部的政绩观问题，围绕政绩为谁而树、树什么样的政绩、怎么才能树好政绩等问题，发表一系列重要论述，并身体力行、率先垂范，为广大党员、干部树立了典范和标杆。

2014 年 10 月 8 日，习近平总书记在党的群众路线教育实践活动总结大会上指出，各级各部门党委（党组）必须树立正确政绩观，坚持从巩固党的执政地位的大局看问题，把抓好党建作为最大的政绩。如果我们党弱了、散了、垮了，其他政绩又有什么意义呢？①

2015 年 1 月 12 日，习近平总书记在中央党校县委书记研修班学员座谈会上指出，干事创业一定要树立正确政绩观，做到"民之所好好之，民之所恶恶之"。要求真务实、真抓实干，做工作自觉从人民利益出发，决不能为了树立个人形象，搞华而不实、劳民

---

① 习近平：《在党的群众路线教育实践活动总结大会上的讲话》，《人民日报》2014 年10 月 9 日。

伤财的"形象工程""政绩工程"。①

2017 年 12 月 18 日，习近平总书记在中央经济工作会议上讲话指出，我国经济发展处于增长速度换挡期、结构调整阵痛期、前期刺激政策消化期"三期叠加"的阶段，我国经济发展进入了新常态，强调要贯彻新发展理念，推进供给侧结构性改革；研判经济形势要立足大局，看清长期趋势，把握经济规律，特别是强调要坚持正确政绩观，不简单以生产总值增长率论英雄，不要被短期经济指标的波动所左右。这一系列重大判断明确回答了我国经济形势怎么看、经济工作怎么干的问题，有力引导了全党全社会对经济形势的判断，统一了思想，稳定了市场预期。②

2017 年 12 月 28 日，习近平总书记在中央农村工作会议上发表重要讲话指出，打好精准脱贫攻坚战，任务依然十分艰巨。要端正思想认识，树立正确政绩观，注重扶贫同扶志、扶智相结合，把提高脱贫质量放在首位，把激发贫困人口内生动力、增强发展能力作为根本举措。③

2018 年 1 月 5 日，习近平总书记在新进中央委员会的委员、候补委员和省部级主要领导干部学习贯彻习近平新时代中国特色社会主义思想和党的十九大精神研讨班上指出，作为中央委员会的成员和省部级主要领导干部，必须树立正确政绩观，解决好政绩为谁而树、树什么样的政绩、靠什么树政绩的问题，多做打基础、利长远的事，不搞脱离实际的盲目攀比，不搞劳民伤财的形象工程、政绩工程，真正做到对历史和人民负责。要发扬求真务实、真抓实干的作风，以钉钉子精神担当尽责，树立"功成不必在我"的境界，

---

① 《习近平著作选读》第一卷，人民出版社 2023 年版，第 338 页。
② 《习近平著作选读》第二卷，人民出版社 2023 年版，第 64 页。
③ 《习近平著作选读》第二卷，人民出版社 2023 年版，第 96 页。

一件事情接着一件事情办，一年接着一年干，脚踏实地把既定的行动纲领、战略目标、工作蓝图变为现实。①

2018 年 3 月 8 日，习近平总书记在参加十三届全国人大一次会议山东代表团审议时的讲话强调，功成不必在我并不是消极、怠政、不作为，而是要牢固树立正确政绩观，既要做让老百姓看得见、摸得着、得实惠的实事，也要做为后人作铺垫、打基础、利长远的好事，既要做显功，也要做潜功，不计较个人功名，追求人民群众的好口碑、历史沉淀之后真正的评价。

2019 年 3 月 1 日，习近平总书记在 2019 年春季学期中央党校（国家行政学院）中青年干部培训班开班式上发表重要讲话强调，干部要想行得端、走得正，就必须涵养道德操守，明礼诚信，怀德自重，保持严肃的生活作风、培养健康的生活情趣，特别是要增强自制力，做到慎独慎微。一个人廉洁自律不过关，做人就没有骨气。要牢记清廉是福、贪欲是祸的道理，树立正确的权力观、地位观、利益观，任何时候都要稳得住心神、管得住行为、守得住清白。干部干事创业要树立正确政绩观，有功成不必在我的精神境界、功成必定有我的历史担当，发扬钉钉子精神，脚踏实地干。②

2021 年 10 月 22 日，习近平总书记在深入推动黄河流域生态保护和高质量发展座谈会上指出，要坚持正确政绩观，准确把握保护和发展关系。把大保护作为关键任务，通过打好环境问题整治、深度节水控水、生态保护修复攻坚战，明显改善流域生态面貌。

---

① 《习近平著作选读》第二卷，人民出版社 2023 年版，第 109 页。
② 《习近平在中央党校（国家行政学院）中青年干部培训班开班式上发表重要讲话强调　在常学常新中加强理论修养　在知行合一中主动担当作为》，《人民日报》2019 年 3 月 2 日。

2022 年 1 月 18 日，习近平总书记在十九届中央纪委六次全会上讲话强调，要从领导干部特别是主要领导干部抓起，树立正确政绩观，尊重客观实际和群众需求，强化系统思维和科学谋划，多做为民造福的实事好事，杜绝装样子、搞花架子、盲目铺摊子。

2022 年 3 月 1 日，习近平总书记在 2022 年春季学期中央党校（国家行政学院）中青年干部培训班开班式上发表重要讲话强调，年轻干部是党和国家事业发展的希望，必须筑牢理想信念根基，守住拒腐防变防线，树立和践行正确政绩观，练就过硬本领，发扬担当和斗争精神，贯彻党的群众路线，锤炼对党忠诚的政治品格，树立不负人民的家国情怀，追求高尚纯粹的思想境界，为党和人民事业拼搏奉献，在新时代新征程上留下无悔的奋斗足迹。①

2022 年 7 月 29 日，习近平总书记在中央统战工作会议上讲话指出，要把握好潜绩和显绩的关系，坚持正确政绩观，推动党的统战事业行稳致远。要把握好原则性和灵活性的关系，善于把方针政策的原则性和对策举措的灵活性结合起来，既站稳政治立场、坚守政治底线，又具体问题具体分析，注重工作方式方法。要把握好团结和斗争的关系，又要善于斗争、增强斗争本领，努力形成牢不可破的真团结。②

2023 年 7 月 7 日，习近平总书记在江苏考察时强调，各级党组织要教育引导党员、干部落实"重实践"要求，坚持学思用贯通、知信行统一，匡正干的导向，增强干的动力，形成干的合力，在以学促干上取得实实在在的成效。一是树牢造福人民的政绩观，

---

① 《习近平在中央党校（国家行政学院）中青年干部培训班开班式上发表重要讲话强调　筑牢理想信念根基树立践行正确政绩观　在新时代新征程上留下无悔的奋斗足迹》，《人民日报》2022 年 3 月 2 日。

② 《习近平著作选读》第二卷，人民出版社 2023 年版，第 609 页。

坚持以人民为中心的发展思想，坚持高质量发展，不搞贪大求洋、盲目蛮干、哗众取宠；坚持出实招求实效，不搞华而不实、投机取巧、数据造假；坚持打基础利长远，不搞急功近利、竭泽而渔、劳民伤财。二是鼓足干事创业的精气神，恪尽职守、担当作为，迎难而上、敢于斗争，严肃整治拈轻怕重、躺平甩锅、敷衍塞责、得过且过等消极现象，完善担当作为激励和保护机制。三是形成狠抓落实的好局面，不折不扣贯彻落实党中央决策部署，积极主动抓落实，聚合众力抓落实，以钉钉子精神抓落实，聚焦实际问题抓落实，在抓落实上取得新实效。①

2023年9月7日，习近平总书记在黑龙江省哈尔滨市主持召开新时代推动东北全面振兴座谈会并发表重要讲话时强调，大力弘扬东北抗联精神、大庆精神（铁人精神）、北大荒精神，引导党员、干部树立正确的政绩观，激发干事创业热情。②

2023年9月20日至21日，习近平总书记在浙江考察时指出，要坚持和加强党的全面领导、加强和改进党的建设。树立正确政绩观，坚持立足实际、科学决策，坚持着眼长远、打牢基础，坚持干在实处、务求实效，防止形式主义、官僚主义。加强干部教育培训和实践锻炼，健全干部担当作为激励保护机制，激发干部干事创业活力，构建亲清统一的新型政商关系。③

2023年10月12日，习近平总书记在江西省南昌市主持召开进一步推动长江经济带高质量发展座谈会并发表重要讲话时强调，

---

① 《习近平在江苏考察时强调　在推进中国式现代化中走在前做示范　谱写"强富美高"新江苏现代化建设新篇章》，《人民日报》2023年7月8日。

② 《习近平主持召开新时代推动东北全面振兴座谈会强调　牢牢把握东北的重要使命　奋力谱写东北全面振兴新篇章》，《人民日报》2023年9月10日。

③ 《习近平在浙江考察时强调　始终干在实处走在前列勇立潮头　奋力谱写中国式现代化浙江新篇章　返京途中在山东枣庄考察》，《人民日报》2023年9月26日。

要以主题教育为契机，教育引导广大干部树立和践行正确政绩观，提高推动高质量发展的本领。①

2023年12月21日至22日，中共中央政治局召开学习贯彻习近平新时代中国特色社会主义思想主题教育专题民主生活会，中共中央总书记习近平主持会议并发表重要讲话。习近平总书记强调，领导干部要树牢造福人民的政绩观。我们共产党人干事业、创政绩，为的是造福人民，不是为了个人升迁得失。中央政治局的同志要带头坚持以人民为中心的发展思想，坚持高质量发展，反对贪大求洋、盲目蛮干；坚持出实招求实效，反对华而不实、数据造假；坚持打基础利长远，反对竭泽而渔、劳民伤财。高质量发展是全面建设社会主义现代化国家的首要任务，坚持高质量发展要成为领导干部政绩观的重要内容。要完善推动高质量发展的政绩考核评价办法，发挥好指挥棒作用，推动各级领导班子认真践行正确政绩观，切实形成正确工作导向。②

2024年3月1日，习近平总书记在2024年春季学期中央党校（国家行政学院）中青年干部培训班开班之际作出重要指示强调，年轻干部是党和国家事业发展的生力军，是中国特色社会主义事业的接班人。新征程上，年轻干部重任在肩、大有可为，必须牢记初心使命、顽强拼搏进取，奋力跑好历史的接力棒。习近平总书记专门强调，要自觉做矢志为民造福的无私奉献者，始终把人民放在心中最高位置，树立和践行正确政绩观，走好新时代党的群众路线，提高做群众工作的本领，用心用情用力解决群众急难愁盼问题，不

---

① 《习近平主持召开进一步推动长江经济带高质量发展座谈会强调　进一步推动长江经济带高质量发展　更好支撑和服务中国式现代化》，《人民日报》2023年10月13日。
② 《中共中央政治局召开专题民主生活会强调　巩固拓展主题教育成果　为强国建设民族复兴伟业汇聚强大力量》，《人民日报》2023年12月23日。

断增强人民群众的获得感、幸福感、安全感。①

党员干部为官从政、干事创业必须要树立正确政绩观，那到底什么才是正确的政绩观？对这个问题，习近平总书记在上述一系列重要讲话中给出了非常明确的答案。2024 年 2 月 23 日，中共中央办公厅印发的《关于巩固拓展学习贯彻习近平新时代中国特色社会主义思想主题教育成果的意见》，明确把"树立和践行正确政绩观"，作为学习贯彻习近平新时代中国特色社会主义思想、不折不扣贯彻落实党中央决策部署的重要内容，提出各级党委（党组）要组织党员、干部深入学习领会习近平总书记关于树立和践行正确政绩观的重要论述，解决好"政绩为谁而树、树什么样的政绩、靠什么树政绩"的问题。要把树立和践行正确政绩观作为党性分析重要内容，用好地方领导班子和领导干部政绩观偏差主要问题清单，组织领导班子和领导干部从宗旨意识、工作作风、纪律规矩等方面深入查摆剖析。指导地方和部门完善考核评价办法，纠治考核指标过分细化碎片化、机械僵化等做法。把树立和践行正确政绩观情况纳入巡视巡察、干部考核考察、审计整改监督的重要内容，及时发现和纠治政绩观偏差、错位问题。发挥优劣典型的示范警示作用，教育引导党员、干部创造经得起实践、人民、历史检验的业绩。作为党员干部，必须从巩固拓展学习贯彻习近平新时代中国特色社会主义思想主题教育成果的政治高度，深入学习贯彻习近平总书记关于树立和践行正确政绩观的系列重要论述，深刻领会正确政绩观的丰富内涵和实践要求，真抓实干促发展，主动担当强作为，推动经济社会高质量发展取得新成效。对

---

① 《习近平在 2024 年春季学期中央党校（国家行政学院）中青年干部培训班开班之际作出重要指示强调　牢记初心使命顽强拼搏进取　奋力跑好历史的接力棒》，《人民日报》2024 年 3 月 2 日。

党员干部来说，正确的政绩观就是，做事情、干工作必须做到有利于国家、有利于人民，既符合国家和人民眼前利益，又符合国家和人民长远利益，不断促进经济社会发展、促进国家富强和人民幸福。①

中国历史上有这么一个故事，可以帮助我们更好地理解什么是正确的政绩观。鲁班是中国历史上最负盛名的能工巧匠。传说，鲁班曾经削竹木以为鹊，成而飞之，三日不下。鲁班因此洋洋自得，自以为至巧。然而，鲁班自认为的"至巧"，在墨子那里却没有得到认可，反而被墨子批评为拙劣无用。墨子对鲁班的批评载于《墨子·鲁问》："子之为鹊也，不如翟之为车辖，须臾刈三寸之木，而任五十石之重。故所为功，利于人谓之巧，不利于人谓之拙。"原来，墨子不是说鲁班的木鹊制作得不精巧，而是说鲁班的木鹊既不能拉车，也不能载重，对人没有什么用，因而是"拙"不是"巧"。鲁班听完，深受触动，后来一心为民着想，发明了许多实用的木制品，被后人誉为"工匠之父"。当然，从纯科学研究的角度来讲，鲁班的木鹊并非没有科学价值，墨子的批评并不完全正确。然而，这一故事中所蕴含的哲理却引人深思。比之于为官从政，就是其"为功"的价值取向当以利民为标准。利民的政绩方谓"巧"，不利于民的政绩则是"拙"。

"政绩之本，在于为民"。"民惟邦本，本固邦宁"。为官一任，当然就要出政绩，但出什么样的政绩则大有分较。对领导干部政绩的评判标准，习近平总书记给出的标准是"既要看显绩，又要看潜绩"。但是，在实践中，一些领导干部并没有做到"既要"和"又要"的有机统一，而是急功近利、急于求成，愿意做立竿见影

---

① 詹成付：《树立和践行正确政绩观》，《人民日报》2023年10月19日。

的事情，不愿意在打基础、利长远上下功夫。更有甚者，一些领导干部"不怕群众不满意，就怕领导不注意"，有的干部"花拳绣腿"、弄虚作假，既称不上"显绩"，更与"潜绩"背道而驰。究其原因，无外乎就是沽名钓誉的错误思想在作怪。近年来，一些地方的"政绩工程""形象工程"之所以为社会所诟病，就在于只在形式花样上做文章，只求"驴粪蛋，表面光"，意欲以之为求取一己升迁的敲门砖，实则于民无用，甚至劳民伤财。因此，"为功"有什么样的价值取向，就会出什么样的政绩。以利己为本，则往往会重面子轻里子，重眼前轻长远，急功近利，投机取巧，一些项目污染严重、破坏生态也照上不误，一些城市"翻烧饼"式地拆了建、建了拆也时有发生。以利民为本，则必计深远、谋周详，那些功在当代利在千秋的实事，那些经得起历史和实践检验的实绩，从根本上说都是心里有百姓这把尺子。每一名领导干部都要牢固树立正确的政绩观，既要做显功，也要做潜功，沉下心来、静下气来、安下身来，甘当新时代"长征路"、老百姓"幸福路"上的铺路石，在强国建设、民族复兴伟业中，以"功成不必在我、建功必须有我"的境界、"十年磨一剑"的精神，一棒接着一棒跑好接力赛，一锤接着一锤全力"钉钉子"，让经济社会基础更加坚实牢固。

右玉精神：久久为功、利在长远

右玉县地处晋蒙两省（区）交界，是山西的北大门。全县国土总面积为 1969 平方公里，下辖 1 个省级生态文化旅游示范区，4 镇 6 乡 1 个风景名胜区，172 个行政村，总人口11.6 万。中华人民共和国成立初，全县仅有残次林 8000 亩，林木绿化率不足 0.3%，年均气温只有 3.6℃，降水量不到 400

毫米，无霜期不到 100 天，生态环境十分脆弱。70 多年来，右玉县委一任接着一任干，一张蓝图绘到底，以"功成不必在我"的境界、坚忍不拔的意志和无私无畏的勇气，带领干部群众坚持不懈治沙造林改善生态，人工造林近 170 万亩，林木绿化率达到 56%，创造了"荒漠"变"绿洲"的生态奇迹，先后荣获全国治沙先进单位、全国绿化模范县、全国绿化先进集体、国家生态文明建设示范县、"绿水青山就是金山银山"实践创新基地等荣誉称号，同时孕育铸就了宝贵的右玉精神。2011 年 3 月以来，习近平同志先后 6 次对右玉精神作出重要指示，分别是：

2011 年 3 月 1 日，习近平同志在中央党校春季学期开学典礼上强调指出：60 多年来，一张蓝图、一个目标，18 任县委书记和县委、县政府一班人，一任接着一任、一届接着一届，率领全县干部群众坚持不懈，用心血和汗水绿化了沙丘和荒山，现在树木成荫、生态良好，年降雨量较之解放初期已显著增加。老百姓记着他们、感激他们，自发地为他们立碑纪念。正可谓"金杯银杯不如老百姓的口碑"。右玉的可贵之处，就在于始终发扬自力更生、艰苦创业、功在长远的实干精神，在于始终坚持为人民谋利益的政绩观。我们抓任何工作的落实，都应该这样去做。

2012 年 9 月 28 日，习近平同志在山西省委上报的《关于我省学习弘扬右玉精神情况的报告》上作出重要批示：右玉精神体现的是全心全意为人民服务，是迎难而上、艰苦奋斗，是久久为功、利在长远。

2015 年 1 月 12 日，习近平总书记在同中央党校第一期县委书记研修班学员座谈时指出：要有"功成不必在我"的境界，一张好的蓝图，只要是科学的、切合实际的、符合人民愿望的，就要像接力赛一样，一棒一棒接着干下去。山西右玉县地处毛乌素沙漠的天然风口地带，是一片风沙成患、山川贫瘠的不毛之地。新中国成立之初，第一任县委书记带领全县人民开始治沙造林。60 多年来，一张蓝图、一个目标，县委一任接着一任、一届接着一届率领全县干部群众坚持不懈干，使绿化率由当年的 0.3% 上升到现在的 53%，把"不毛之地"变成了"塞上绿洲"。抓任何工作，都要有这种久久为功、利在长远的耐心和耐力。

2017 年 6 月 23 日，习近平总书记在山西视察时强调：我多次讲到"右玉精神"。2011 年 3 月 1 日，我在中央党校春季学期开学典礼上说，右玉的可贵之处，就在于始终发扬自力更生、艰苦创业、功在长远的实干精神，在于始终坚持为人民谋利益的政绩观。2012 年 9 月，我又作出批示，"右玉精神"体现的是全心全意为人民服务，是迎难而上、艰苦奋斗，是久久为功、利在长远。2015 年 1 月 12 日，我在同中央党校第一期县委书记研修班学员谈话时以右玉为例强调，要有"功成不必在我"的境界，一张好的蓝图，只要是科学的、切合实际的、符合人民愿望的，就要像接力赛一样，一棒一棒接着干下去。"右玉精神"是宝贵财富，一定要大力学习和弘扬。

2017 年 12 月 18 日，习近平总书记在中央经济工作会议上指出：从塞罕坝林场、右玉沙地造林、延安退耕还林、阿克苏荒漠绿化这些案例来看，只要朝着正确方向，一年接着一年干，一代接着一代干，生态系统是可以修复的。

2020 年 5 月 12 日，习近平总书记在山西视察时强调：要牢固树立绿水青山就是金山银山的理念，发扬"右玉精神"，统筹推进山水林田湖草系统治理，建设山清水秀、天蓝地净的美丽山西。

实践证明，右玉精神的形成，不仅是一部防风固沙、改善生态的绿化史，也是一部践行党的群众路线、带领人民在拼搏中求生存谋发展的奋斗史、创业史，集中体现了共产党人坚持人民至上、生命至上的"初心"，迎难而上、艰苦奋斗的品格力量，"功成不必在我但功成必定有我"的正确政绩观，是我们真正做到"一句誓言、一生作答"、接续做好右玉各项工作的强大精神力量。

立国之道，唯在富民。党员干部不同于普通群众，必须把为党和国家的事业活着、为百姓谋福利活着、为社会服务活着放在首位，其次才是为自己和家庭活着。如果在"为了谁"的问题上"公"与"私"错位，那就会突破底线，就可能出现用错误的政绩观指导工作，给党和人民的事业造成损失；就可能出现在个人对职位和利益的要求不能满足时，放松要求、消极沉沦、贪污腐败等问题。古人云："闻有吏虽乱而有独善之民，不闻有乱民而有独治之吏。故明主治吏不治民。"又云："变民风易，变士风难；变士风易，变仕风难。仕风变，天下治矣。"抓住领导干部这个"关键少数"，强化为官从政的为民价值取向，用好百姓这把干事创业的尺子，让为己取巧钻营者靠边，让为民苦干实干者有位，则政治生态就会有根本性的好转。

进入新时代后，领导干部必须要树立正确政绩观，切实抓好打基础利长远的工作，特别是要改进领导干部的政绩的考核方法手段，既看发展又看基础，既看显绩又看潜绩，把民生改善、社会进步、生态效益等指标和实绩作为重要考核内容，不能简单以国内生产总值增长率来论英雄了。尤其是在经济发展和环境保护问题上，我们必须要树立正确的发展导向。对人民群众来说，环境就是民生，青山就是美丽，蓝天也是幸福；对领导干部来说，人民群众对美好生活的需求就是我们的奋斗目标，这既是党的根本宗旨，也是领导干部最重要的政绩观。必须旗帜鲜明讲政治，把为民造福作为最重要的政绩，以永不懈怠的精神状态和一往无前的奋斗姿态，不负人民重托，创造无愧于新时代、新征程的崭新业绩。对此，在同中央党校县委书记研修班学员座谈时，习近平总书记反复强调："干事创业一定要树立正确政绩观，做到'民之所好好之，民之所恶恶之'，要求真务实、真抓实干"。① 对于领导干部来说，人民是正确政绩观的核心，是干事创业的价值标准，自当以百姓心为心，以人民利益为重。我们常讲"心中有民""心中要始终装着老百姓"，这不能只在嘴上说说的，而是要用行动来检验，要以是否利民作为政绩的评价标准。"百姓心中有杆秤"，面对一些地方与民争利的做法、"出洋相"的项目，其虽声称为百姓造福，又如何能令百姓信服？领导干部的政绩，就是坚持党的宗旨和性质，做得人心、暖人心、稳人心的事。业绩好不好，要看群众实际感受，由群众来评判。②

为政之道，以顺民心为本，以厚民生为要。对领导干部来说，为官一任，造福一方，为民造福是最重要的政绩。作为党的干部尤其是领导干部，永葆党的政治本色，厚植为民情怀，多为群众谋福祉，多为民生作贡献，才能让自己的政绩经得起历史检验，赢得广大群众的衷心拥护。要时刻摆正自身位置，自觉站在群众的立场、

---

① 《习近平著作选读》第一卷，人民出版社 2023 年版，第 338 页。
② 马奇柯：《树立和践行正确的政绩观》，《红旗文稿》2023 年第 9 期。

群众的角度，把百姓"小事"作为干部的大事来办、把百姓"难事"作为干部的急事来抓、把百姓"愁事"作为干部的心头事来解决。要主动走出办公室，大兴调查研究之风，放下架子、俯下身子、迈开步子，面对面倾听群众呼声，心贴心倾听群众建议，在亲身察看民情中贴近民心，在亲身体验民生中增进感情，真正走进群众心里，赢得群众的尊重、支持和信任。要全面客观评判民生政绩，多到现场看、多见具体事、多听群众说，把群众的"好差评"作为干部的"正衣镜"、政绩的"度量衡"、作风的"检测仪"，在坚持人民至上理念、践行党的根本宗旨中树立正确的政绩观。

"乱决策、乱拍板、乱作为"的教训

广东省广州市委原书记万庆良被嘲讽为"规划之神"，被诟病的项目包括在山顶开挖大湖、在山地建百米大道。主政揭阳时，他曾主持投资30亿元开展两河四岸景观等建设，河道两侧绿化带宽500米。主政广州后，先后计划建9个新城，仅新城规划面积相加就接近800平方公里，超过了新加坡国土面积、上海市中心城区面积。不顾实际情况、不经科学论证，乱决策、乱拍板，既有悖于客观规律，又违反民主集中制原则。正是因为这些"拍脑袋"决策与实际情况脱节，才出现了那些"糊涂规划""短命工程"，留下烂摊子和坏死账，到头来还是要以牺牲国家和人民利益为代价，为个别领导干部"致命的自负"埋单。干成事需要敢闯敢试，但前提是从实际出发，实事求是，违背规律、缺乏论证的胡乱作为，只会招致群众的唾弃，受到应有的惩罚。

精神的力量是无穷的，信心比黄金更重要。唯有筑牢乘势而上的坚定决心、激发攻坚克难的必胜信心、坚定勤勉实干的毅力恒心，方能奋进新时代、建功新征程，不断谱写经济社会发展的崭新篇章。领导干部要胸怀"国之大者"，心系普罗苍生，决不能把目光局限在自己的"一亩三分地"上，必须把格局放大、把眼界打开、把标杆抬高，观在远处、谋在深处、干在实处，以"愿得此身长报国"的拳拳之心、"位卑未敢忘忧国"的责任担当、"虽九死其犹未悔"的坚定信念、"越是艰险越向前"的英勇气概和意志品质，攻坚克难化解社会矛盾、逆流而上突破发展瓶颈、不畏艰难推动改革发展，以昂扬奋斗姿态接好时代"接力棒"、起跑历史"接力赛"，以正确政绩观做好理思路、建机制、打基础工作，解放思想争一流，锤炼本领善作为，敢于斗争勇担当，埋头苦干求实效，团结奋斗聚合力，在新的赶考之路上不断增强和赢得政治主动、历史主动、精神主动。

二、把抓好党建作为最大的政绩

坚强的党性、优良的党风、严明的党纪，是中国共产党区别于其他政党的鲜明特征和显著标志，也是我们党取得革命、建设、改革胜利的优良传统和政治优势。我们党之所以历经坎坷而巍然屹立、千锤百炼而愈加坚强、栉风沐雨而更加强大，团结带领中国人民夺取了一个又一个伟大胜利，最终成为世界第一大执政党，关键在于重视党的建设问题特别是党性党风党纪建设问题，习近平总书记指出，树立和践行正确政绩观，起决定性作用的是党性。[①] 有坚

---

① 《习近平在中央党校（国家行政学院）中青年干部培训班开班式上发表重要讲话强调　筑牢理想信念根基树立践行正确政绩观　在新时代新征程上留下无悔的奋斗足迹》，《人民日报》2022 年 3 月 2 日。

强的党性才有正确的政绩观。错位的政绩观，说到底是认识上出现了偏差，根子在于背离了党性、丢掉了宗旨、抛弃了信念。只有党性坚强，摒弃私心杂念，才能保证政绩观不出偏差；只有把人生理想融入党和人民事业之中，把为人民幸福而奋斗作为自己最大的幸福，才能拥有高尚的、充实的人生。

对马克思主义的信仰，对社会主义和共产主义的信念，是共产党人的政治灵魂，是共产党人经受住任何考验的精神支柱。党的事业，人民的事业，是靠千千万万党员的忠诚奉献而不断铸就的。党性的纯度，决定着境界格局。无私则无欲，无欲则不浮。习近平总书记指出："对党员干部来讲，是有坚定理想信念，还是满脑子功利私欲，决定着一个人的思想境界和行为举止。"① 焦裕禄"敢教日月换新天""革命者要在困难面前逞英雄"，带领兰考人民斗盐碱、锁风沙、治内涝、种泡桐，"父老生死系"；谷文昌"上战秃头山，下战飞沙滩，绿化全海岛，建设新东山"，带领群众苦干 14 年，荒岛变宝岛，"在老百姓心中树起了一座不朽的丰碑"；张桂梅，扎根贫困地区 40 余年，帮助 1800 多名贫困山区女孩圆梦大学；石光银，与荒沙碱滩不屈抗争 40 多年，在毛乌素沙漠南缘营造一条长百余里的绿色长城；黄文秀，把生命奉献给脱贫攻坚事业，谱写了新时代青春之歌。新时代领导干部更要以"时时放心不下"的责任感、积极担当作为的精气神为党和人民履好职、尽好责，看重党和人民事业，看淡个人进退得失，对个人名誉地位利益想得透、放得下，才能保持平和心态，才能乐意脚踏实地，处理好大我和小我的关系，处理好长远利益、根本利益和个人抱负、个人利益的关系，坚持把

---

① 习近平：《努力成为可堪大用能担重任的栋梁之才》，《求是》2022 年第 3 期。

那些打基础、利长远、见实效、创实绩的事情抓好做实。①

为政之道，修身为本。树立和践行正确政绩观，必须紧紧抓住党建引领、党性保证这个根本。党的十八大以来，习近平总书记多次指出，党委（党组）必须把抓好党建作为最大的政绩，党委（党组）和党委（党组）书记抓好党建是本职，不抓党建是失职，抓不好党建就是不称职，党建出问题是渎职，反复告诫领导干部要立志做大事，不要立志做大官，保持平和心态，看淡个人进退得失，心无旁骛努力工作，为党和人民做事，强调要牢记清廉是福、贪欲是祸的道理，树立正确的权力观、地位观、利益观，任何时候都要稳得住心神、管得住行为、守得住清白，强调从当前干部队伍实际看，坚持实事求是最需要解决的是党性问题。干部是不是实事求是可以从很多方面来看，最根本的要看是不是讲真话、讲实话，是不是干实事、求实效。② 党性是领导干部立身、立业、立言、立德的基石，必须在严格的党内生活锻炼中不断增强。领导干部的党性修养、道德水平，不会随着党龄工龄的增长而自然提高，也不会随着职务的升迁而自然提高，必须强化自我修炼、自我约束、自我改造。党的十八大以来，以习近平同志为核心的党中央先后部署开展了党的群众路线教育实践活动、"三严三实"专题教育、"两学一做"学习教育、"不忘初心、牢记使命"主题教育、党史学习教育、学习贯彻习近平新时代中国特色社会主义思想主题教育、党纪学习教育。每一次党内集中学习教育，都是一次思想的淬炼、精神的洗礼、党性的升华，教育引导广大党员干部进一步筑牢信仰之

---

① 臧安民：《树立和践行正确政绩观起决定性作用的是党性》，《学习时报》2023 年 5 月 31 日。

② 张毅、刘维涛、张洋：《总书记这样教育引导党员干部树牢正确政绩观》，《人民日报》2023 年 5 月 16 日。

基、补足精神之钙、把稳思想之舵，不断增强拥护"两个确立"、增强"四个意识"、坚定"四个自信"、做到"两个维护"的思想自觉和行动自觉。

政治上的坚定、党性上的纯粹都离不开理论上的清醒。树牢正确政绩观，必须深入学习党的理论创新成果，运用党的科学理论优化思想方法、解决思想困惑、检视自身思想作风和精神状态，以正确权力观、政绩观、事业观指导实践、推动工作。譬如，在理论学习上，要把习近平总书记关于树立正确政绩观、贯彻新发展理念的重要论述作为重点学习内容，深学细照笃行；在调查研究上，要深度调研搞"半拉子工程""形象工程""面子工程"等典型事例，解剖麻雀，查找问题，立行立改；在推动发展上，要把树立正确政绩观、按客观规律办事、一张蓝图绘到底等作为重要原则，采取有效措施防范化解风险，推动高质量发展；在建章立制上，要把树立正确政绩观作为党性分析和专题民主生活会查摆问题、推进整改的重要内容，适时开展专项整治并在建章立制上下功夫，堵塞漏洞、筑牢堤坝。① 在新的伟大征程上，只要我们坚持不懈用习近平新时代中国特色社会主义思想凝心铸魂，牢固树立和践行正确政绩观，把对党忠诚、为党分忧、为党尽职、为民造福作为根本政治担当，就一定能创造无愧于党、无愧于人民、无愧于时代的业绩！

大搞劳民伤财的"形象工程"

湖南省汝城县是国家级贫困县。调查显示，汝城县为了所谓的政绩，罔顾实际，大规模举债修建大批"形象工程""政绩工程"。自 2008 年以来，该县违规修建办公楼 10 栋，同时

---

① 张毅、刘维涛、张洋：《总书记这样教育引导党员干部树牢正确政绩观》，《人民日报》2023 年 5 月 16 日。

还修建广场公园 11 个、市政道路项目 26 个，几乎一半的钱都用在大搞城市开发和城市建设。与此形成鲜明对比的是，一些基本民生问题长期得不到重视和解决，培植财源、促进产业发展方面投入还不到 6%。比如：汝城县城卢阳镇竟然还有两个自然村一些村民家中没有通电，当地群众 25 户 67 人仅靠山泉水发电和点煤油灯照明。截至 2017 年 11 月底，仅完成贫困村改厕 515 户，为年度计划数的 34.59%。最终，汝城县 3 名党政主要负责人、17 名科级干部受到严肃查处。"政绩工程""形象工程"不时出现，如有的盲目上马大型项目，脱离实际、劳民伤财；有的热衷打造领导"视线范围"内的项目工程，不考虑群众需要；有的徒有其表、华而不实，甚至是质量不过关的"豆腐渣工程"，等等，其根源在于政绩观错位。个别党员领导干部眼睛只会向上看，一心追求个人升迁，把群众利益抛在脑后。破除好大喜功的歪风，必须以造福人民为最大政绩，既要做看得见、摸得着的"显绩"，也要做打基础、立长远的"潜绩"，让人民群众切实享受到改革发展的成果。

办好中国的事情，关键在党；全面建设社会主义现代化国家、全面推进中华民族伟大复兴，关键也在党。经过 100 多年的接续奋斗，我们党已经从一个仅有 50 多名党员的政党发展成为拥有 9900 多万名党员的世界第一大党。虽然我们党组织严密，人数众多，战斗力和动员力强大，但我们仍要清醒地认识到，数量不等于质量，大党不等于强党，如果党建质量不高，党员的人数再多、党组织规模再大，党的领导优势和执政地位也难以保证。党的十八大以来，以习近平同志为核心的党中央高度重视党的建设质量和水平问题，把抓好党建作为各级党组织的最大政绩，把不断提高党的建设质量作为新时代党的建设总要求的重要内容，着力在发展党员、选人用人、党内政治生活、人才培养、党的制度建设等党的建设各个方面强基达标、提质增效，充分发挥党员的先锋模范作用和基层党组织的战斗堡垒功能。党的二十大报告专门提出，高质量发展是全面建设社会主义现代化国家的首要任务。高质量发展不仅仅是指经济社会领域，还包括党和国家事业发展的其他各个领域，必须要以"愈大愈惧，愈强愈恐"的清醒，把提高党的建设质量作为落实高质量发展任务的题中应有之义，切实以高质量党建引领和推动党和国家事业高质量发展。

作为世界第一大党，大有大的优势，大也有大的难处，必须时刻保持解决大党独有难题的清醒和坚定，坚持打铁必须自身硬，深入推进全面从严治党。仅仅在党的十九大至二十大的五年时间里，中央纪委国家监委立案审查调查中管干部260多人。全国纪检监察机关共立案306.6万件，处分299.2万人；立案审查调查行贿人员4.8万人，移送检察机关1.3万人。在高压震慑和政策感召下，8.1万人向纪检监察机关主动投案，2020年以来21.6万人主动交代问题。① 我们党坚持不懈推进自我革命，目的是不断提升党的建设质量和水平，做到政治过硬、本领高强。在强国建设、复兴伟业新征程上，我们党只有自身过硬，才能更好地坚守初心使命以更高的标准、更严的纪律要求自己，才能不断解决党的建设面临的问题，确保党和人民赋予的权力始终用来为人民谋幸福，确保我们党始终成为时代先锋、民族脊梁、人民公仆。

党的建设是党抓好各项工作的根本。党建工作抓好了，基层党组织的核心作用就能更好发挥，队伍的凝聚力和向心力就更加明

---

① 《十九届中央纪律委员会向中国共产党第二十次全国代表大会的工作报告》，新华网，2022年10月27日。

显，党的各项工作任务就会得到更长久更完善的发展。在社会主义现代化建设中，党的建设不仅是政治建设的基础，也是经济发展的动力，对于党和国家的各项事业发展都具有重要的政治引领作用、政治保证作用。在党的十九大报告中，习近平总书记指出，中国特色社会主义进入新时代，我们党一定要有新气象新作为。打铁必须自身硬。党要团结带领人民进行伟大斗争、推进伟大事业、实现伟大梦想，必须毫不动摇坚持和完善党的领导，毫不动摇把党建设得更加坚强有力。新时代党的建设总要求是：坚持和加强党的全面领导，坚持党要管党、全面从严治党，以加强党的长期执政能力建设、先进性和纯洁性建设为主线，以党的政治建设为统领，以坚定理想信念宗旨为根基，以调动全党积极性、主动性、创造性为着力点，全面推进党的政治建设、思想建设、组织建设、作风建设、纪律建设，把制度建设贯穿其中，深入推进反腐败斗争，不断提高党的建设质量，把党建设成为始终走在时代前列、人民衷心拥护、勇于自我革命、经得起各种风浪考验、朝气蓬勃的马克思主义执政党。①

在党的二十大报告中，习近平总书记进一步强调，全面建设社会主义现代化国家、全面推进中华民族伟大复兴，关键在党。我们党作为世界上最大的马克思主义执政党，要始终赢得人民拥护、巩固长期执政地位，必须时刻保持解决大党独有难题的清醒和坚定。经过党的十八大以来全面从严治党，我们解决了党内许多突出问题，但党面临的执政考验、改革开放考验、市场经济考验、外部环境考验将长期存在，精神懈怠危险、能力不足危险、脱离群众危险、消极腐败危险将长期存在。全党必须牢记，全面从严治党永远

---

① 《习近平著作选读》第二卷，人民出版社2023年版，第50—51页。

在路上，党的自我革命永远在路上，决不能有松劲歇脚、疲劳厌战的情绪，必须持之以恒推进全面从严治党，深入推进新时代党的建设新的伟大工程，以党的自我革命引领社会革命。我们要落实新时代党的建设总要求，健全全面从严治党体系，全面推进党的自我净化、自我完善、自我革新、自我提高，使我们党坚守初心使命，始终成为中国特色社会主义事业的坚强领导核心。①

党的十八大以来，以习近平同志为主要代表的中国共产党人高度重视党的建设的实践创新、理论创新、制度创新以及其他各方面创新，形成了习近平总书记关于党的建设的重要思想。习近平总书记关于党的建设的重要思想，突出全面从严治党这个主题主线，以一系列原创性成果极大丰富和发展了马克思主义建党学说，标志着我们党对马克思主义执政党建设规律的认识达到了新高度，在马克思主义建党学说发展史上、在中国共产党的建设和发展史上具有里程碑意义。习近平总书记关于党的建设的重要思想，是习近平新时代中国特色社会主义思想的重要组成部分，是新时代党的建设理论发展和实践经验的科学总结，是马克思主义建党学说中国化时代化的最新成果，是深入推进新时代党的建设新的伟大工程的根本遵循。②

在习近平总书记关于党的建设的重要思想中，全面从严治党是贯穿始终的主题主线，在新时代党的建设新的伟大工程中发挥着灵魂核心作用。从性质地位上看，全面从严治党是新时代党的自我革命伟大实践，全面从严治党是党永葆生机活力、走好新的赶考之路的必由之路，是"四个全面"战略布局的重要组成部分，也是全

---

① 《习近平著作选读》第一卷，人民出版社 2023 年版，第 52—53 页。
② 《习近平对党的建设和组织工作作出重要指示强调　深刻领会党中央关于党的建设的重要思想　不断提高组织工作质量》，《人民日报》2023 年 6 月 30 日。

面建设社会主义现代化国家、全面深化改革、全面依法治国顺利推进的根本保证。2014 年 10 月 8 日，习近平总书记在党的群众路线教育实践活动总结大会讲话中首提"全面推进从严治党"。2014 年12 月，习近平总书记在江苏调研时强调，"协调推进全面建成小康社会、全面深化改革、全面推进依法治国、全面从严治党，推动改革开放和社会主义现代化建设迈上新台阶"，将全面从严治党作为"四个全面"战略布局的重要组成部分，提升到一个全新的战略高度。党的十八届六中全会专题研究全面从严治党重大问题，指出全面从严治党是党的十八大以来党中央抓党的建设的鲜明主题，充分展现了党中央坚定不移推进全面从严治党的决心和信心。

办好中国的事情，关键在党，关键在党要管党、全面从严治党。全面从严治党，核心是加强党的领导，基础在全面，关键在严，要害在治。"全面"就是管全党、治全党，面向 9900 多万名党员、510 多万个党组织，覆盖党的建设各个领域、各个方面、各个部门，重点是抓住领导干部这个"关键少数"。"严"就是真管真严、敢管敢严、长管长严。"治"就是从党中央到省市县党委，从中央部委、国家机关部门党委（党组）到基层党支部，都要肩负起主体责任，党委（党组）书记要把抓好党建当作分内之事、必须担当的职责；各级纪委要担负起监督责任，敢于瞪眼黑脸，勇于执纪问责。2018 年 11 月 6 日，习近平总书记在上海考察时讲话指出，要坚持严字当头、全面从严、一严到底，严格落实管党治党责任，坚持把政治标准作为第一标准，建设忠诚干净担当的高素质干部队伍，确保干部队伍政治上信得过、靠得住、能放心。

党的十八大以来，以习近平同志为核心的党中央身体力行、率先垂范，坚持思想建党和制度治党紧密结合，严抓党的政治建设，严格党员政治标准，严守政治信仰，严明政治纪律和政治规矩，严厉惩治腐败，严肃党内政治生活，严密制度体系，全方位推进全面从严治党向纵深发展。

一是从严抓党的政治建设。旗帜鲜明讲政治是我们党作为马克思主义政党的根本要求。党的政治建设是党的根本性建设，决定党的建设方向和效果。保证全党服从中央，坚持党中央权威和集中统一领导，是党的政治建设的首要任务。要全面贯彻落实新时代党的建设总要求，坚持和落实党的全面领导，坚持旗帜鲜明讲政治，始终把党的政治建设摆上首位，引导全党深刻领悟"两个确定"的决定性意义，增强"四个意识"、坚定"四个自信"、做到"两个维护"，全面落实管党治党主体责任，不断增强各级党组织管党治党能力。

二是从严抓党的思想建设。革命理想高于天。共产主义远大理想和中国特色社会主义共同理想，是中国共产党人的精神支柱和政治灵魂，也是保持党的团结统一的思想基础。要把坚定理想信念作为党的思想建设的首要任务，教育引导全党牢记党的宗旨，挺起共产党人的精神脊梁，解决好世界观、人生观、价值观这个"总开关"问题，自觉做共产主义远大理想和中国特色社会主义共同理想的坚定信仰者和忠实实践者。要始终把思想建设作为党的建设的基础性工程，坚持不懈用习近平新时代中国特色社会主义思想武装全党、教育人民、推动工作，坚持用理想信念和党性教育固本培元、补钙壮骨，着力教育引导全党坚定信仰、坚定信念、坚定信心。

三是从严抓党的组织建设，要坚持党管干部原则，坚持德才兼备、以德为先，坚持五湖四海、任人唯贤，坚持事业为上、公道正派，把好干部标准落到实处。坚持正确选人用人导向，匡正选人用人风气，突出政治标准，提拔重用牢固树立"四个意识"和"四个自信"、坚决维护党中央权威、全面贯彻执行党的理论和路线方针政策、忠诚干净担当的干部，选优配强各级领导班子。要以提升组织力为重点，突出政治功能，把企业、农村、机关、学校、医院、科研院所、街道社区、社会组织等基层党组织建设成为宣传党的主张、贯彻党的决定、领导基层治理、团结动员群众、推动改革发展的坚强战斗堡垒。

四是从严抓党的纪律建设。纪律是党的生命，纪律建设是全面从严治党的治本之策。习近平总书记强调，纪律不严，从严治党就无从谈起。党的十八大以来发现的管党治党的所有问题，从本质上看都是政治问题，都是党的政治意识不强、政治纪律不严的问题。从实践来看，党员的"破法"，无不始于"破纪"。只有把纪律挺在前面，坚持纪法分开、纪严于法、纪在法前，才能克服"违纪只是小节、违法才去处理"的不正常状况，用纪律管住全体党员，以政治纪律和组织纪律带动廉洁纪律、群众纪律、工作纪律、生活纪律严起来，让党员、干部知敬畏、存戒惧、守底线，习惯在受监督和约束的环境中工作生活。要始终坚持把纪律挺在前面，严明党的政治纪律和政治规矩，坚持有令必行、有禁必止，坚决查处各种违反纪律的行为，使各项纪律规矩真正成为"带电的高压线"，用铁的纪律从严治党，保证全党团结统一、步调一致。

五是从严抓党的作风建设。加强作风建设，必须紧紧围绕保持党同人民群众的血肉联系，增强群众观念和群众感情，不断厚植党执政的群众基础。凡是群众反映强烈的问题都要严肃认真对待，凡是损害群众利益的行为都要坚决纠正。党的十八大以来，党中央从落实八项规定和整治"四风"入手，坚持以上率下，锲而不舍、扭住不放，巩固拓展落实中央八项规定精神成果，严厉整治"四风"问题，坚决反对特权思想和特权现象，着力解决许多过去被认为解决不了的问题，推动党风政风不断好转。

六是从严抓党的制度建设，扎紧扎牢制度笼子。治国必先治党，治党务必从严，从严必依法度。制度治党是现代社会管党治党的重要途径和基本方式，也是一个国家、一个社会完善治理体系、提升治理能力水平、实现治理现代化的首要前提和显著标志。现代政治一般是政党政治，当今世界各国通常也都是通过政党来领导国家政权、颁布实施执政纲领。因此，执政党的制度化水平往往决定了这个国家的制度化水平，执政党的治理能力和治理水平往往体现着这个国家的治理能力和治理水平。进入新时代以来，以习近平同志为核心的党中央高度重视党的制度建设，提出要坚持全面从严治党和依规治党紧密结合，强调要善于运用法治思维和法治方式反对腐败，加强反腐败国家立法，加强党内法规建设，让法规制度刚性运行，深刻阐明了用法治思维和法治方式管党治党、治国理政的重要性。党的依法执政，既包括党依据国家法律法规治国理政，也包括党依据党内法规管党治党。在管党治党实践中，党中央以零容忍的高压态势严惩腐败，坚持制度反腐、彻底反腐、科学反腐，将任性恣意的权力关进制度的笼子里，使得制度建设成为管党治党、治国执政的实践主题，在全面从严治党中发挥着根本性的支撑保障作用。

七是从严抓党风廉政建设与反腐败斗争。腐败是我们党面临的最大威胁，必须坚持以零容忍态度严厉惩治腐败，"老虎"露头就打，"苍蝇"乱飞就拍，把权力关进制度笼子，坚决遏制腐败蔓延势头。只有以反腐败永远在路上的坚韧和执着，深化标本兼治，保证干部清正、政府清廉、政治清明，才能跳出历史周期率，确保党和国家长治久安。当前，反腐败斗争形势依然严峻复杂，巩固压倒性态势、夺取压倒性胜利的决心必须坚如磐石。要坚持无禁区、全覆盖、零容忍，坚持重遏制、强高压、长震慑，强化不敢腐的震慑，扎牢不能腐的笼子，增强不想腐的自觉，通过不懈努力换来海晏河清、朗朗乾坤。

经过多年来的努力，全面从严治党取得显著成效，党内正气在上升，党风在好转，社会风气在上扬，为党和国家事业发展积聚了强大正能量。这充分表明，党中央作出全面从严治党的战略抉择是完全正确的，是深得党心民心的。中国特色社会主义进入新时代，我们党一定要有新气象新作为。党要团结带领人民进行伟大斗争、推进伟大事业、实现伟大梦想，必须毫不动摇坚持和完善党的领导，毫不动摇推进党的建设新的伟大工程，把党建设得更加坚强有力。习近平总书记多次指出，领导干部必须树立正确政绩观，"把抓好党建作为最大的政绩"；"如果我们党弱了、散了、垮了，其他政绩又有什么意义呢？"① 这些重要论述，对新形势下党员领导干部树立正确政绩观提出了新要求。把抓好党建作为最大的政绩，要求党员领导干部切实履行管党治党责任，努力做好党的建设各项工作，全面推进党的建设新的伟大工程，确保党始终成为中国特色社会主义事业的坚强领导核心，为全面深化改革、推动经济社会持续健康发展提供坚强组织保障。

之所以要反复强调"把抓好党建作为最大的政绩"，是因为在推进中国特色社会主义事业建设中，加强党的建设是根本保障。从战略和全局意义上来看，党的建设如何，关乎中国共产党的兴衰，关乎中华人民共和国的兴衰，关乎中华民族的兴衰。可以说，国家富强、民族复兴、人民幸福，党建保障是根本性保障。这就要求我们任何时候都要将党建作为头等大事来抓，以党建引领一切、统领

---

① 习近平：《在党的群众路线教育实践活动总结大会上的讲话》，《人民日报》2014 年10 月 9 日。

一切，可以说抓党建是我们做好一切工作的前提和重要保障。纵观中国近现代史，我们党之所以能够带领人民推翻"三座大山"，建立社会主义新中国，推进改革开放，致力于实现中华民族伟大复兴，在每个历史阶段都能立于不败之地，关键就在党的领导和党的建设。

党政军民学，东西南北中，党是领导一切的。在新的历史起点上，我们要夺取具有许多新的历史特点的伟大斗争的新胜利，更加需要党在一切领域、一切方面的坚强领导，更加需要 9900 多万党员、510 多万个基层党组织更好地发挥先锋模范、坚强堡垒作用。首先要发挥"关键少数"的头雁效应。各级党组织主要负责同志是"关键少数"中的"关键少数"，一言一行是一个地方或单位的风向标。要坚持以领导干部的率先垂范来引领作风转变，以身作则、身先士卒，勇于挑最重的担子，敢于啃最硬的骨头，坚决防止口号喊得震天响、行动起来轻飘飘。要带头讲政治、谋发展、抓落实，一级带着一级干、一级做给一级看，不搞虚的、不弄假的、不做空的，吃透上级精神、找准症结所在，凝心聚力促发展、全力以赴抓落实；其次要突出"战斗堡垒"的引领作用。党的基层组织是党的全部工作和战斗力的基础。要围绕"建一流班子、带一流队伍、创一流成绩、树一流形象"的目标，加强领导班子建设，强化干部教育培训，切实增强各级党组织的创造力、凝聚力和战斗力。要充分发挥基层党组织的战斗堡垒作用和党员的先锋模范作用，让党旗在各条战线高高飘扬，为全面建设社会主义现代化国家奠定坚实组织基础；要营造"求真务实"的新风正气。形式主义、官僚主义是我们党坚决反对的不正之风，也是人民群众深恶痛绝、反映最为强烈的问题。形式主义背后是功利主义、实用主义作祟，政绩观错位、责任心缺失。官僚主义背后是官本位思想，严重脱离实际、脱离群众。要把力戒形式主义、官僚主义摆在突出位置来抓，教育引导党员干部牢记党的宗旨，坚持实事求是的思想路线，真抓实干，转变作风。要大力弘扬直面矛盾、较真碰硬、善作善成的斗争精神，敢于对各种歪风邪气批评制止、亮剑出击，决不当老好人、和事佬和太平官，让形式主义、官僚主义无处遁形，用初心使命统一思想、用过硬作风狠抓落实，推动各项事业不断开创新的局面。

三、业绩都是干出来的

干部干部，干字当头。习近平总书记指出："世界上没有坐享其成的好事，要幸福就要奋斗。"① 新时代是奋斗者的时代。新时代的我们都是奔跑者、都是追梦人。流动的中国，到处是追梦人奔跑的身影，追梦的时代，无数人为了梦想，星夜兼程，砥砺前行。60 余年深藏功与名的张富清为信仰而奔跑，战争年代冲锋在前，和平时期默默奉献，一生坚守初心，不改本色。扶贫干部黄文秀为信念而奔跑，大城市的锦绣繁华留她不住，把双脚扎进家乡泥土，把青春和热血融入脱贫攻坚洪流。八步沙林场"六老汉"为共同的心愿而奔跑，凭借矢志不渝的"愚公"精神，让茫茫沙漠披上了绿装。千千万万的劳动者在自己平凡的工作岗位上努力奔跑，无数的人生"小目标"汇聚成民富国强、民族振兴的"中国梦"。这一个个奔跑的身影、一滴滴滚烫的汗水、一步步踏实的脚印，都被定格为历史、激荡起回声：我们都在努力奔跑，我们都是追梦人。

民族复兴不是一路坦途，面临着许多矛盾和问题，需要滚石上

---

① 习近平：《在第十三届全国人民代表大会第一次会议上的讲话》，《求是》2020 年第 10 期。

山、爬坡过坎。特别是在推进高质量发展的大背景下，我们深化改革创新、提升发展水平、改善生活环境，都需要打好"攻坚战"，都需要啃下"硬骨头"，必须以大干实干的优良作风抓好落实。2021年9月1日，习近平总书记在2021年秋季学期中央党校（国家行政学院）中青年干部培训班开班式上发表重要讲话强调，业绩都是干出来的，真干才能真出业绩、出真业绩。面对新形势新任务，党员干部一定要真抓实干，务实功、出实招、求实效，善作善成，坚决杜绝口号式、表态式、包装式落实的做法。对当务之急，要立说立行、紧抓快办，不能慢慢吞吞、拖拖拉拉。对长期任务，要保持战略定力和耐心，坚持一张蓝图绘到底，滴水穿石，久久为功。要强化精准思维，做到谋划时统揽大局、操作中细致精当，以绣花功夫把工作做扎实、做到位。①

打铁必须自身硬，有了真本领才能做出政绩。领导干部既要提高战略思维能力，站在讲政治、谋全局、顾长远、抓根本的高度，对高质量发展的全局性、长远性、根本性进行分析、判断、谋划，又要提高辩证思维能力，辩证处理好速度与质量、抓点与抓面的关系，抓住主要矛盾，把握发展规律，使决策部署更加符合人民群众期盼。伴随着中国特色社会主义进入新时代，迫切需要一支"想干事、能干事、干成事、不出事"的过硬干部队伍，把全部功夫下在大干实干上，把全部精力用在狠抓落实上，充分发挥以上率下的"头雁效应"。习近平总书记指出："总体来看，现在广大党员、干部的能力素质和精神状态是好的，但也要清醒看到，干部队伍中不愿担当、不敢担当、不善担当的问题还比较突出。有的为了不出

---

① 《习近平在中央党校（国家行政学院）中青年干部培训班开班式上发表重要讲话强调　筑牢理想信念根基树立践行正确政绩观　在新时代新征程上留下无悔的奋斗足迹》，《人民日报》2022年3月2日。

事宁愿不干事，得过且过；有的碰到矛盾和难题绕道走，把自身责任往外推，不敢动真碰硬；有的光说不练，表态快、调门高，行动慢、落实差；有的德不配位、能力平庸，挑不起重担，打不开工作局面；有的瞻前顾后、畏首畏尾，在重大风险挑战面前底气不足、惊慌失措，等等。这些问题尽管存在于少数党员、干部身上，但任其发展，就会损害党的形象、贻误党的事业，必须认真加以解决。"[1] 因此，干事创业，必须要树立正确的政绩观，着重解决"政绩为谁而树、树什么样的政绩、靠什么树政绩"的问题。

一是要着力解决"政绩为谁而树"的问题，坚持人民至上，做到政绩为人民而树。习近平总书记强调："中国共产党把为民办事、为民造福作为最重要的政绩，把为老百姓办了多少好事实事作为检验政绩的重要标准。"[2] 把为民办事、为民造福作为最重要的政绩，是正确的权力观、事业观在治国理政实践中的重要体现。领导干部必须把为老百姓做了多少好事实事作为检验政绩的重要标准，坚持把人民放在心中最高位置，坚持为人民谋幸福，坚持把人民对美好生活的向往作为奋斗目标，以高度的责任担当做为民办事、为民造福的忠实实践者。

政之所兴在顺民心，政之所废在逆民心。一切为了人民，一切依靠人民。中国共产党自成立之日起就把人民装在心里，镌刻在自己的旗帜上。中国共产党人的初心和使命，就是为中国人民谋幸福、为中华民族谋复兴。我们推动经济社会发展，归根到底是为了不断满足人民群众对美好生活的需要。政绩观的正确与否必须以人民为评判标准。检验一切工作的成效，最终都要看人民是否真正得

---

① 习近平：《在学习贯彻习近平新时代中国特色社会主义思想主题教育工作会议上的讲话》，《求是》2023 年第 9 期。

② 习近平：《坚持人民至上》，《求是》2022 年第 20 期。

到了实惠，人民生活是否真正得到了改善，人民权益是否真正得到了保障。推动经济社会发展，归根到底是为了不断满足人民群众对美好生活的需要，必须始终树牢以人民为中心的发展思想，坚持为民解忧，坚持为民造福，充分考虑群众意愿、顺应群众需求，聚焦群众关心关注的"住"与"行"，用心用情用力解决群众的"急难愁盼"，让经济社会发展成果更多惠及广大人民群众。

二是要着力解决"树什么样的政绩"的问题，贯彻新发展理念，树高质量发展的政绩。实践告诉我们，有什么样的政绩观，就会有什么样的发展成果。追求何种政绩对领导干部履职尽责、干事创业具有重要导向作用。可以说，政绩观端正不端正、正确不正确，相当程度上决定了我们事业的兴衰成败，这就要求我们必须树立正确的政绩观，既要做让老百姓看得见、摸得着、得实惠的实事，也要做为后人做铺垫、打基础、利长远的好事；既要做显功，也要做潜功，不计较个人功名，追求人民群众的好口碑、历史沉淀之后的真评价。

政绩观、发展观是否对头，决定着发展的成效乃至成败。树立正确的政绩观，本质上是个政治问题，实质上反映了领导干部的政治立场、政治方向、政治原则、政治道路问题。缺乏正确的政治方向与政治道路的引领必将导致政绩观扭曲，形式主义、官僚主义等腐败行为的滋生蔓延。2020年1月21日，习近平总书记在云南考察时强调时指出，要树立正确政绩观，处理好稳和进、立和破、虚和实、标和本、近和远的关系，坚持底线思维，强化风险意识，自觉把新发展理念贯穿到经济社会发展全过程。我们党领导人民治国理政，很重要的一个方面就是要回答好实现什么样的发展、怎样实现发展这个重大问题。奋进新征程、建功新时代，要创造经得起实践、人民、历史检验的实绩，关键在于树立和践行符合新发展理念的政绩观。曾经一段时间里，有的地方贯彻落实习近平总书记重要指示批示精神和党中央重大决策部署不到位，导致违建别墅"整而未治、阳奉阴违、禁而不绝"，严重破坏生态环境，群众反映强烈；有的地方为追求"绿色政绩"，强推不切实际、劳民伤财的政绩工程，严重歪曲了绿色发展理念；有的地方大规模迁移砍伐城市树木，严重破坏了城市自然生态环境和历史文化风貌，伤害了人民群众对城市的美好记忆和深厚感情；有的地方盲目融资举债用于政绩工程、形象工程建设，导致新开工项目数量迅速扩张，地方债务规模过大、债务风险突出，有的工程成为烂尾工程……这些因为政绩观严重偏差造成的严重影响和巨大损失，教训深刻。从"有没有"向"好不好"转变，从"注重量"向"追求质"转变，新发展理念引领中国经济迈上更高质量、更有效率、更加公平、更可持续、更为安全的发展之路。在新时代干工作、抓发展，必须完整、准确、全面贯彻新发展理念，广大领导干部必须坚定不移用新发展理念来看待政绩，用贯彻新发展理念的标尺来衡量政绩。树立正确的政绩观特别要防止"四个冲动"：防止不按规律办事、盲目大干快上的政绩冲动；防止不顾财力、无视风险、盲目举债的投资冲动；防止"高耗能、高污染、低水平"项目卷土重来、"捡到篮子里就是菜"的项目冲动；防止只追新兴产业风口、不顾传统产业升级的不当倾向和冲动。

"挖矿老虎"肖毅事件

肖毅，江西省政协原党组成员、副主席，曾任江西省抚州市委书记。2020年10月，中央巡视组进驻江西省开展巡视期间，收到不少关于肖毅的问题线索，反映他在抚州主抓的一些项目，可能存在背离新发展理念以及借此谋取私利的违纪违法问题。

肖毅在任期间，将位于抚州市高新技术开发区的九木集团创世纪科技有限公司奉为抚州市"数字经济"产业的一张"名片"，对外宣扬它是搞"大数据""云计算"的高新科技公司。然而，肖毅其实明知这张"名片"严重名不符实，该企业真正从事的是虚拟货币计算生产业务，俗称"挖矿"，也就是在互联网上"挖掘"虚拟货币。从 2017 年到 2020 年，这家公司的用电量就占到抚州全市用电总量的 10%。从 2018 年开始，国家明确要求各地政府引导"挖矿"企业有序退出，之后进一步明令禁止以任何名义发展虚拟货币"挖矿"项目。肖毅对国家政策十分明了，却仍心怀侥幸，妄图瞒天过海，授意林庆星公司在有人来参观检查时，"表演"一些其他业务。肖毅官员落马的根源，说白了还是私欲膨胀、政绩观扭曲，热衷于在虚拟世界里搞"面子工程""形象工程"，浪费公家的钱给自己赚升迁资本，脑子里压根没有"权为民所用、情为民所系、利为民所谋"，只想着打自己的如意算盘，树自己的光辉形象。

2023 年 8 月 22 日，浙江省杭州市中级人民法院公开宣判江西省政协原党组成员、副主席肖毅受贿、滥用职权一案，对被告人肖毅以受贿罪判处无期徒刑，剥夺政治权利终身，并处没收个人全部财产，以滥用职权罪判处有期徒刑六年，决定执行无期徒刑，剥夺政治权利终身，并处没收个人全部财产；对查封、扣押在案的肖毅受贿所得财物及其孳息，依法予以追缴，上缴国库。

三是要解决"靠什么树政绩"的问题，强化理论武装，靠科学理论指导树政绩。思想是行动的先导，理论是实践的指南。马克思主义政党的先进性，首先表现为理论上的先进性。没有科学理论的指导，就没有革命行动的实践。正如列宁所说："只有以先进理论为指南的党，才能实现先进战士的作用。"① 中国共产党是以先进理论武装起来的马克思主义执政党，在长期的革命、建设和改革过程中，我们党勇于进行理论探索和创新，以全新的视野深化对共产党执政规律、社会主义建设规律、人类社会发展规律的认识，取得一系列重大理论创新成果，在当前集中体现为习近平新时代中国特色社会主义思想。党的二十大将这一思想的主要内容概括为"十个明确""十四个坚持""十三个方面成就"，用"六个必须坚持"概括了习近平新时代中国特色社会主义思想的世界观、方法论和贯穿其中的立场观点方法，并要求必须长期坚持并不断丰富发展。

实践没有止境，理论创新也没有止境。党的创新理论不是书斋里的学问，而是改变中国面貌的理论武器。党的创新理论是指导实践、推动工作的"指南针"，是破解难题、攻坚克难的"金钥匙"，是抵御风险挑战、保证行稳致远的"定盘星"。回顾党的百年历程，每逢党和国家事业发展的重大节点和重要时刻，我们党都通过加强理论武装和思想教育，以思想上的统一来保证全党政治上的团结、行动上的一致，把党的创新理论转化为坚定理想、锤炼党性和指导实践、推动工作的强大力量，不断引领党和国家事业取得新胜利。

为学之实，固在践履。用党的创新理论武装头脑，绝不是挂在嘴上，而是要体现在头脑中、行动上。坚持不懈用习近平新时代中国特色社会主义思想凝心聚魂，把党的创新理论贯彻落实到党和国

---

① 《列宁选集》第 1 卷，人民出版社 2012 年版，第 312 页。

家工作各方面全过程，重中之重是运用党的创新理论研究新情况、解决新问题，使党的创新理论成为认识世界、改造世界的强大思想武器和精神力量，以理论上的清醒来强化政治上的坚定，以时时放心不下的责任感、积极担当作为的精气神履职尽责，做到看得更清、把得更准、干得更实。新的赶考之路赋予新的时代使命，新的奋斗征程呼唤新的担当作为。面对新使命新要求，我们要深入领会党的创新理论的道理学理哲理，要准确把握新形势新情况新问题，对"国之大者"了然于胸，坚持知行合一、学以致用、真抓实干，把理论学习与调查研究、解决实际问题结合起来，把理论学习成果转化为推进党和国家事业高质量发展的工作思路与发展良策，把习近平新时代中国特色社会主义思想的真理力量转化为推动工作的实践伟力，以思想理念的新转变、工作思路的新拓展、发展路径的新突破，迎来党和国家事业发展的新局面。

人无精神不立，国无精神不强，党无精神不兴。对中国这样一个有着5000多年未曾中断的悠久历史，并创造出举世瞩目的灿烂文明的东方大国来说，万众一心、勠力同心的民族精神和民族力量，在任何时候都至关重要。团结就是力量，共识就是人心，而人心向背又关系到一个政党、一个国家的生死存亡。古今中外无数国家的兴衰更迭，无不应印证着这个朴素而又深刻的真理：如果全体人民同心同德、万众一心，这个国家肯定会昂扬向上、蓬勃发展，最终实现国富民强；如果国民之间钩心斗角、离心离德，这个国家肯定会一盘散沙、分崩离析，最终走向亡国灭种。

人民有信仰，民族有希望，国家有力量。精神的力量是无穷的，无论是抗日战争时期，还是解放战争时期，还是抗美援朝战争时期，以爱国主义为核心的民族精神始终是动员和激励全国人民团结奋斗的政治灵魂和精神旗帜。全体中华儿女万众一心、勠力同心所展现出来的雄伟气势和磅礴力量，是我们赢得一场又一场战争胜利的力量源泉和根本保证，是促进全国各族人民像石榴籽一样紧紧团结在一起的思想纽带和精神支柱。"兄弟同心，其利断金。"只要我们全体中华儿女团结一心、众志成城，同舟共济、共克时艰，心往一处想、劲往一处使，就会形成巨大的合力，就没有办不成的事，就一定能够战胜前进途中的一切艰难险阻、荆棘坎坷、风险挑战，就一定能够夺取新时代中国特色社会主义伟大胜利。

上下同欲者胜，风雨同舟者兴。当前，世界百年未有之大变局正加速演进，中华民族伟大复兴战略全局正处于关键时期，改革发展也进入了闯关夺隘的重要阶段。越是在紧要关头、关键节点、重要阶段，我们越要汇聚万众一心、勠力同心的民族力量，提振攻坚克难的精气神，焕发干事创业的新活力，以"人心齐，泰山移"的大无畏气概，以"功成不必在我"的精神境界和"功成必定有我"的历史担当，以"越是艰险越向前"的战斗姿态和"斗罢艰险又出发"的斗争精神，艰苦奋斗、奋勇前行，我们的民族复兴伟业，必将迎来更加美好、更加灿烂的明天。

第四章　树立和践行正确的事业观，切实做到为官一任、造福一方

　　事业观是指对事业方向和事业道路的根本看法，决定着人们追求什么样的事业目标、采取什么样的干事态度、秉持什么样的做事精神和淬炼什么样的素质本领。习近平总书记指出，党的一切工作都是为老百姓利益着想，让老百姓幸福就是党的事业。对领导干部而言，是否树立了正确的事业观，决定着他们在工作中的价值追求和精神状态。树立正确的事业观，就要坚持党的事业第一、人民利益第一、工作需要第一，把为民服务、干事创业作为自己的价值追求，不慕虚荣，不务虚功，不图虚名，知责于心、担责于身、履责于行，切实以真负责、勇担

当、敢斗争的精神，打开工作新局面、开辟事业新天地、谱写未来新篇章。

一、把人民群众对美好生活的向往作为奋斗目标

事业观是指人们对事业的根本看法和对待工作的根本态度，是人生观的重要组成部分。事业观回答的是"干什么样的事业、怎样干事业"一系列问题，决定着人们采取什么样的事业态度、遵循什么样的事业精神、追求什么样的事业目标。领导干部所从事的工作是党和人民事业的重要组成部分，一个领导干部有什么样的事业观，往往决定着一个地方、一个单位的发展走向，也决定着领导干部自身的发展方向。领导干部只有树立正确的事业观，把勤奋的精神、实干的劲头、开拓的勇气、自省的作风、有为的追求贯穿于事业发展和日常工作之中，不断增强大局意识、责任意识、忧患意识、使命意识和荣辱意识，才能始终保持清醒的政治头脑和坚定的政治方向，体现一个领导干部应有的正确事业观。我们党的最高理想和最终目标是实现共产主义，党的初心使命是为中国人民谋幸福、为中华民族谋复兴。这就决定了领导干部的事业观就是为人民利益不懈奋斗、为中国特色社会主义伟大事业不懈奋斗。

心无百姓莫为官，心无人民莫从政。领导干部要赢得群众的信任，必须端正权力观，树牢事业观，将群众反映的柴米油盐、鸡毛蒜皮的小事当成是大事来对待。孔子在《易经》中说："化而裁之谓之变，推而行之谓之通，举而措之天下之民，谓之事业。"意思是说，用自己的一点点力量，为天下人民谋福利的，才是事业。中国共产党就是为人民服务的，就是为老百姓办事的。毛泽东同志说，我们共产党人不是要做官，而是要革命。邓小平同志当年复出

时说，我这次出来工作，不是为做官，是为了做事。习近平总书记强调，要立志做大事，不要立志做大官，保持平和心态，看淡个人进退得失，心无旁骛努力工作，为党和人民做事。[①] 如何正确看待自己的工作，实质上是个人价值观、事业观的问题。因此，马克思主义事业观，就是不论从事何种职业，都要忠于党的事业，在任何情况下都不忘记党员干部的身份，始终站在党和人民的角度看待事业，从党的利益出发对待工作，以共产党员的标准严格要求自己，以强烈的事业心和责任心，以敬业、勤业、创业、精业的精神，立足本职为人民谋利益、为社会作贡献和为国家而献身。

纵观中国共产党的百年发展史，其实就是一部践行党的初心使命的历史，与人民心连心、同呼吸、共命运的历史。我们党是在人民群众中成长和发展起来的，从诞生之日起就始终心中装着百姓，怀着一颗为人民求解放、谋幸福的初心，这是我们党不断从胜利走向胜利的成功奥秘，更是掌握历史主动、赢得光明未来的根本所在。习近平总书记在庆祝中国共产党成立 100 周年大会上指出："中国共产党根基在人民、血脉在人民、力量在人民。中国共产党始终代表最广大人民根本利益，与人民休戚与共、生死相依，没有任何自己特殊的利益，从来不代表任何利益集团、任何权势团体、任何特权阶层的利益。"[②] 100 多年来，中国共产党始终牢记初心使命，践行理念宗旨，进行土地革命，打土豪、分田地，为人民图生存；在抗日战争中发挥中流砥柱作用，把日寇赶出中国，为人民争自由；推翻国民党反动派，建立新中国，让人民得解放；开展社会

---

① 《习近平在中央党校（国家行政学院）中青年干部培训班开班式上发表重要讲话强调　在常学常新中加强理论修养　在知行合一中主动担当作为》，《人民日报》2019 年 3 月 2 日。

② 习近平：《在庆祝中国共产党成立 100 周年大会上的讲话》，《求是》2021 年第 14 期。

主义革命和建设，改变一穷二白的国家面貌，为人民求发展；实行改革开放、推进社会主义现代化建设，为人民谋幸福。人民群众是党的执政根基和力量源泉，人心向背关系党的生死存亡。只要赢得人民信任，我们党就能够克服任何险阻，一往而无前；只要得到人民支持，我们党就能够战胜任何困难，无往而不胜。人民对美好生活的向往，就是我们的奋斗目标。只要我们党矢志不渝坚持以人民为中心的发展思想，始终牢记"我是谁、为了谁、依靠谁"的问题，更好倾听民声、尊重民意、顺应民心，采取更多惠民生、暖民心举措，用心用情用力解决好人民群众关心的急难愁盼问题，一件一件抓落实，一年接着一年干，让发展成果更多更公平惠及全体人民，我们就一定能谱写全面建设社会主义现代化国家崭新篇章。

不忘初心，方得始终。初心易得，始终难守。党员干部要把党的初心、党的使命铭刻于心，把人民放在心中最高位置，任何时候都不能忘记为了谁、依靠谁、我是谁。我们党的根本宗旨是全心全意为人民服务，密切联系群众是我们党的优良传统，是党执政的最大优势。中国共产党从嘉兴南湖那一艘承载着"立党为公、忠诚为民"的红船扬帆启航，一路披荆斩棘、筚路维艰，前仆后继、上下求索，探寻国家富强的中国道路和发展方式，始终奔着解放人民、实现民族独立而奋争，始终奔着为人民创造美好生活、实现共同富裕而奋斗。对于共产党人的这一根本宗旨与价值追求，毛泽东同志指出，"为什么人的问题，是一个根本的问题，原则的问题"，"我们这个队伍完全是为着解放人民的，是彻底为人民的利益工作的""共产党就是要奋斗，就是要全心全意为人民服务，不要半心半意或者三分之二的心三分之二的意为人民服务"。[1] 无论是战争

---

① 《毛泽东文集》第七卷，人民出版社 1999 年版，第 285 页。

年代的同仇敌忾，还是和平时期的勠力同心，党与人民风雨同舟、生死与共，始终保持血肉联系。我们党正是因为紧紧依靠人民，才从小到大、从弱到强，跨过了一道又一道沟坎，取得了一个又一个胜利，用几十年时间就走完发达国家几百年走过的发展历程，成为中国人民的主心骨、中华民族的擎天柱。中国特色社会主义进入新时代，意味着近代以来久经磨难的中华民族迎来了从站起来、富起来到强起来的伟大飞跃。

为政之要，在于为民。马克思主义唯物史观认为，人民群众是社会实践的主体、政治舞台的主角、推动历史前进的主力、书写历史的主人。人民立场是中国共产党的根本政治立场，是马克思主义政党区别于其他政党的显著标志。历史已经反复证明，一个政党也好，一个政权也好，得民心则兴，失民心则亡。习近平总书记一再告诫我们："一切向前走，都不能忘记走过的路；走得再远、走到再光辉的未来，也不能忘记走过的过去，不能忘记为什么出发。"①从上海石库门到北京天安门，从播撒革命火种的一叶扁舟到领航复兴伟业的巍巍巨轮，中国共产党为人民谋幸福、为民族谋复兴的初心使命始终没有变过。爱民者人恒爱之，敬民者人恒敬之。人民是历史奇迹的创造者，是赶考路上的阅卷人，也是我们党坚不可摧的"铜墙铁壁"。同人民风雨同舟、血脉相通、生死与共，是我们党战胜一切困难和风险的根本保证。一旦忘记了为人民谋幸福的初心，一旦缺失了以人民为中心的发展思想，党就会改变性质、改变颜色，就会失去人民、失去未来。

民心向背决定生死存亡。民心是可以争取的，群众是可以赢得的，只要我们每一名领导干部始终涵养"衙斋卧听萧萧竹，疑是

① 习近平：《在庆祝中国共产党成立 95 周年大会上的讲话》，《求是》2021 年第 8 期。

民间疾苦声"的为民情怀，带着自己的真心真意、真诚真情去做群众工作，就一定能赢得群众的信任和支持。做官先做人，做人先立德；德乃官之本，为官先修德。孔子说："为政以德，譬如北辰，居其所而众星共之。"还说："道之以政，齐之以刑，民免而无耻。道之以德，齐之以礼，有耻且格。"子思说："明君之政，尊贤以崇德，举善以劝民，四封之内，孰敢不化?"桓范说："夫治国之本有二：刑也，德也。二者相须而行，相待而成矣。"范仲淹说："以德服人，天下欣戴；以力服人，天下怨望。"王安石讲，"修其心治其身，而后可以为政于天下"。朱熹说："为政以德，一似灯相似，油多便灯自明。"2018年的全国两会上，习近平总书记在参加重庆代表团审议时强调，领导干部要讲政德。政德是整个社会道德建设的风向标。立政德，就要明大德、守公德、严私德。明大德就是要铸牢理想信念，锤炼坚强党性；守公德，就是要全心全意为人民服务，恪守立党为公、执政为民的理念；严私德，就是要严格约束自己的操守和行为，廉洁自律，严以用权。广大党员干部要增强政德修养，强化宗旨意识，自觉把维护人民利益放在第一位，真诚倾听群众呼声，真实反映群众愿望，真情关心群众疾苦，始终做到同人民群众心连心。习近平总书记多次讲过，"当县委书记一定要跑遍所有的村，当地（市）委书记一定要跑遍所有的乡镇，当省委书记一定要跑遍所有的县市区"。担任中共中央总书记后，习近平总书记几乎走遍了全国最贫困的地区，脚步从未停歇。树立正确的事业观，要"身"入群众，真正缩短与群众的距离，拜人民为师、向人民学习，放下架子、扑下身子，接地气、通下情，深入开展调查研究，解剖麻雀，发现典型，真正把群众面临的问题发现出来，把群众的意见反映上来，把群众创造的经验总结出来；要"情"入群众，坚持走群众路线，深入基层一线，真心实意同群众交朋友，生活上与群众走近，感情上与群众拉近，作风上与群众靠近，倾听民声、了解民意、体察民情、疏解民怨、排解民忧，把群众当成家人，把群众的事当成家事，带着真心办实事，带着感情谋民利；要"心"入群众，怀着强烈的爱民、忧民、为民、惠民之心，心里始终装着群众，想问题、作决策、办事情都要想一想是不是站在人民的立场上，是不是有助于解决群众的难题，是不是有利于增进人民福祉，不断增强人民群众获得感、幸福感、安全感。

群众利益无小事，民生问题大于天。凡是关系群众切身利益的事，再小也是大事。"不拿群众一针一线""讲话要和气""买卖要公平"等虽是小事，却赢得了人心、打赢了战争、取得了革命胜利。小事连着民心，折射着党心，事关信心、同心。带领人民创造美好生活，是我们党始终不渝的奋斗目标。领导干部必须牢固树立正确的事业观，始终把人民利益摆在至高无上的地位，把人民群众的小事当作自己的大事，从人民群众关心的事情做起，从让人民群众满意的事情做起，带领人民不断创造美好生活。要抓住人民最关心最直接最现实的利益问题，既尽力而为，又量力而行，一件事情接着一件事情办，一年接着一年干，不断满足人民日益增长的美好生活需要，不断促进社会公平正义，形成有效的社会治理、良好的社会秩序，使人民获得感、幸福感、安全感更加充实、更有保障、更可持续。只要我们始终坚持人民至上、紧紧依靠人民、不断造福人民、牢牢植根人民，始终保持党同人民群众的血肉联系，始终同人民想在一起、干在一起，风雨同舟、同甘共苦，那么我们这个风华正茂的百年大党，就一定能团结带领亿万人民创造新的时代辉煌、铸就新的历史伟业。

二、不慕虚荣，不务虚功，不图虚名

作为人们对事业目的和意义的根本看法和系统性观点，事业观主要是回答"干什么样的事业、怎样干事业"这两个突出问题。"干什么样的事业"要求我们要树立为民执政的事业观，始终把人民利益放在第一位，把实现好、维护好、发展好最广大人民根本利益作为一切工作的出发点和落脚点，把老百姓的安危冷暖放在心上，把人民群众对美好生活的向往作为奋斗目标，把为党和人民做事作为最根本的职责。"怎样干事业"要求我们要践行勤政务实的事业观，始终坚持以人民为中心的发展思想，坚持发展为了人民、发展依靠人民、发展成果由人民共享，想群众之所想，急群众之所急，做到民有所呼、我有所应，民有所盼、我有行动，让人民群众获得感、幸福感、安全感更加充实、更有保障、更可持续。古人云："勤于行则事治，勤于思则理得，勤于政事方能政通人和，取信于民。"树立和践行正确的事业观，就要深入群众、深入实际、深入基层，不慕虚荣、不务虚功、不图虚名，在任何时候都把群众利益放在第一位，在想问题、办事情、作决策时，都应重实际、说实话、办实事、求实效，一切从客观实际出发、从长远发展出发、从人民利益出发，勤勉敬业，真抓实干。

一分部署，九分落实。树立和践行正确的事业观，要求领导干部不仅要有担当的宽肩膀，更要有成事的真本领。应当看到，面对新时代新征程、新使命新要求，面对互联网、云计算、大数据等科技革命日益发展的大趋势，我们有很多领导干部思想观念不新、视野眼界不宽、知识储备不足，不懂、不会、不善于推动高质量发展的问题比较突出。面对新形势新问题新任务，新办法不会用、旧办法不管用，硬办法不敢用，软办法不顶用，在改革攻坚上迟迟打不开局面，在创新驱动上缺少务实招法，自然在事业发展上也无法取得新突破。"没有金刚钻，干不了瓷器活"。领导干部一定要有强烈的本领恐慌，坚持学习学习再学习、实践实践再实践，干什么学什么、缺什么补什么，真正具备想为、敢为、勤为、善为的专业素养，不断提高驾驭工作的过硬本领，不断开创党和国家事业发展新局面。

树立和践行正确的事业观，需要涵养求真之风，弘扬务实之风，擦亮担当底色，抓好调查研究，在察实情、出实招、求实效上下功夫，把工作抓实、基础打实、步子迈实，迎难而上挑重担、撸起袖子加油干，确保工作的每一步都能以"干"当头、以"实"铺底。从整体来看，我们当前的干部队伍还是比较好的，但一些领导干部与新形势新任务新要求还不相适应，在大干实干抓落实上还有较大差距，往往调门高行动少、表态好落实差，凡事只点头顺着来，消极被动，毫无主观能动性，遇到矛盾绕道走、面对困难不担当，推卸责任、推诿扯皮。要做到"实"，就要避免"虚"。一切工作都要往实里做、做出实效，不好高骛远、不脱离实际，力戒形式主义、官僚主义。

"以文件落实文件"的形式主义

2016年2月，浙江省在全省范围内全面实施"困难残疾人生活补贴"和"重度残疾人护理补贴"政策，并作出具体部署。7月，乐清市残联根据上级文件有关规定，发文要求乡镇（街道）实施"两补"的申报工作。由于对上级"两补"理解的偏差，导致享受到"两补"的人员仅占符合政策条件人员的三分之一。2017年1月，温州市残联对乐清市"两补"

工作进行考核后提出批评意见。随后，乐清市残联未经审核就发文确定第二批补贴对象。由于前期把关不严，未建立补贴发放资格定期复核和一月一报制度，存在先拨付资金再审核等违规行为，导致两批"两补"对象中有 7 人死亡后仍在享受补贴。乐清市纪委调查后发现，市残联在开展"两补"工作时，以文件落实文件，行动少、落实差，未能按上级文件要求认真履行职责，没有开展有效的宣传和督促指导，致使应补尽补政策落实不到位。同时，市残联工作漂浮，对申请对象审核搞形式、走过场，没有实行应退则退的动态管理机制，直接造成部分已故人员仍在享受补贴。2017 年 4 月，市残联党组成员、副理事长陈成磊，市残联劳动就业服务所所长陈慧慧分别受到党内警告处分，市残联党组书记、理事长鲍平桂受到诫勉谈话处理。以文件落实文件，用发文代替行动，极易导致贯彻中央精神和上级要求"上下一般粗"，不加消化、虚浮表面，产生"水土不服"甚至适得其反的效果。这反映出个别党员领导干部态度不端、履责不力，没有把自己摆进去、把职责摆进去，在抓落实上做表面文章、过度留痕，而不管是否符合实际，不管是否能解决问题。让中央精神真正落地生根，"花拳绣腿"要不得，必须拿出硬招实招，在真抓敢抓善抓常抓上下功夫。

作风的慵散、利益的纠结、舒适圈的安逸、进取心的丧失是领导干部树立正确的事业观的大敌。如果领导干部走不出思维定式的藩篱、跳不出路径依赖的怪圈、抛不开个人利益的羁绊，就会安于现状、活在当下，不思进取、甘于躺平，就会把惯例当圭臬、把利益当终极追求、把潜规则当显规则，从而丧失改进作风的紧迫感、危机感和责任感。作风好不好，群众最知晓。工作作风改什么、怎么改、从哪里改起，都要到群众中求方法、找答案。群众不满意的地方，就是我们应该着力改进的地方；群众最期待的事情，就是我们应该尽力做好的事情。正如毛泽东同志指出的那样，"要联系群众，就要按照群众的需要和自愿。一切为群众的工作都要从群众的需要出发，而不是从任何良好的个人愿望出发。……这里是两条原则：一条是群众的实际上的需要，而不是我们脑子里头幻想出来的需要；一条是群众的自愿，由群众自己下决心，而不是由我们代替群众下决心。"①

　　作风是干事创业的前提，是发展的生命线。良好的作风能凝聚人心、焕发斗志，提振精神、激发动力，形成强大的战斗力；反之，如果作风涣散、萎靡不振，即使其他客观条件再好，也难以干成事业。王安石说："故风俗之变，迁染民志，关之盛衰，不可不慎也。"党的作风是党的形象，体现着党的性质、宗旨、纲领和路线，是党的建设的永恒主题，是领导干部事业观的直接反映。思想上的堡垒往往比战火中的碉堡更难攻克，作风上的惯性往往比物理中的惯性更难克服。党员干部的作风，检验的是党性，展示的是形象，决定着政绩的成色。形式主义、官僚主义是我们党的大敌、人民的大敌，也是我们树立和践行正确事业观的大敌。2013 年 7 月，习近平总书记在河北调研指导党的群众路线教育实践活动时一针见血地指出："形式主义实质是主观主义、功利主义，根源是政绩观错位、责任心缺失，用轰轰烈烈的形式代替了扎扎实实的落实，用光鲜亮丽的外表掩盖了矛盾和问题。"要秉持务实作风，谋划工作注重实际、讲求实效，干事创业脚踏实地、真抓实干，努力在新征程上拼搏奉献，切实肩负起历史和时代赋予的重任。要坚持凭实绩

---

① 《毛泽东选集》第三卷，人民出版社 1991 年版，第 1012—1013 页。

用干部，以群众实际感受来评判政绩，以发展实际质效来衡量政绩，赋予群众在对干部选拔任用方面的知情权、参与权、选择权和监督权，"倒逼"干部不但要做真正的"实干家"，而且要"干出样子"，切切实实让老百姓享有"获得感"；同时把那些积极担当作为的干部发现、使用起来，让实干者吃香、让有为者有位，引导干部在涵养党风中勇于干事创业，牢固树立正确的事业观。要让每一个党员干部都明白：社会舞台再大，自己不上台永远是个观众；组织平台再好，自己不参与永远是个局外人；个人能力再大，自己不行动永远是个失败者。

"潜绩"与"显绩"

农业是弱质产业，农村工作是基础性的工作，"三农"工作的内在特点和规律，决定了这方面工作更多的是做铺垫的长期性工作，不可能立竿见影、马上见效。这就有一个如何认识"潜绩"与"显绩"，创造政绩的问题。"潜"与"显"是对立统一的一对矛盾。"潜"是"显"的基础，"显"是"潜"的结果，后人的工作总是建立在前人基础之上的，如果大家都不去做铺路石，甘于默默无闻地奉献，"显绩"就无从谈起，就成了无本之木、无源之水，即使有"显绩"，充其量也只是急功近利的"形象工程"。河南林县的红旗渠，是几代干部群众艰苦奋斗的结果；福建东山县的县委书记谷文昌之所以一直受到广大干部群众的敬仰，是因为他在任时不追求轰轰烈烈的"显绩"，而是默默无闻地奉献，带领当地干部群众通过十几年的努力，在沿海建成了一道惠及子孙后代的防护林，在老百姓心中树起了一座不朽的丰碑。这种"潜绩"，是最大的"显绩"。我们常讲的金杯银杯不如老百姓的口碑，金奖银奖不如老百姓的夸奖，说的就是这个道理。所以，"三农"工作要有作为，一定要树立正确的政绩观，多做埋头苦干的实事，不求急功近利的"显绩"，创造泽被后人的"潜绩"。

——习近平：《之江新语》，浙江人民出版社 2007 年版，第 108 页

世界上最大的幸福莫过于为人民幸福而奋斗。在中华民族伟大复兴的关键时期和攻坚阶段，慢走一步，差之千里，耽误一时，落后多年。作为"生于斯、长于斯"的党员干部，没有任何理由松劲懈怠，没有任何借口推脱责任，没有任何由头回避现实，必须强化为"时时放心不下、处处如履薄冰"的使命感，必须强化"一日无为、三日难安"的紧迫感，必须强化"不进则退、慢进也退"的危机感，撸起袖子加油干、甩开膀子使劲干、脚踏实地认真干、齐心协力一起干。正如《钢铁是怎样炼成的》一书所说："当他回首往事的时候，他不会因虚度年华而悔恨，也不会因碌碌无为而羞愧。"

民族复兴不是一路坦途，肯定面临着许多矛盾和问题，需要滚石上山、爬坡过坎。特别是在实现高质量发展的大背景下，我们深化改革创新、提升发展水平、改善生活环境，都需要打好"攻坚战"，都需要啃下"硬骨头"，必须以大干实干的优良作风抓好落实。一勤天下无难事，一懒世间万事休。对此，每一名党员干部都要进一步树立勤勉务实的事业观，强化迎难而上的勇气、攻坚克难的意志，切实唱响大干实干的最强音，全面提升干事创业的精气神，把"事事马上办、人人钉钉子"的要求铭刻于心，把"不为不办找理由、只为办好想办法"的承诺落实于行，用推动各项工作提速提质提效的实际成果，展现闯关夺隘、攻坚克难的信心决心。

千秋事业唯奋斗，人间正道是沧桑。新的画卷，在砥砺前行中铺展；新的华章，在新的奋斗里书写。踏上新起点、展望新征程，高质量发展的美好前景在等待着我们描绘，中国式现代化建设的新征程在召唤着我们前行。前进的道路绝不是一马平川，必然会进入更多没有先例的领域，需要蹚别人没有走过的路、拓前人没有垦过的荒，需要去征服更多"娄山关""腊子口"。当前，伴随着中国特色社会主义进入新时代，迫切需要一支"想干事、能干事、干成事、不出事"的作风过硬的党员干部队伍，不断增强"想干事"的行动自觉，提升"能干事"的能力水平，掌握"会干事"的科学方法，保持"干成事"的持久韧劲，把全部功夫下在大干实干上，把全部精力用在狠抓落实上，充分发挥以上率下的"头雁效应"。

至重嘱托践于行，重任千钧唯担当。马克思提出，"哲学家只是用不同的方式解释世界，而问题在于改变世界"。[①] 邓小平在改革之初也曾告诫全党："世界上的事情都是干出来的，不干，半点马克思主义都没有。"对党员干部来说，日常工作能尽责、难题面前敢负责、出现过失敢担责，既是义务也是责任，既是高标准也是硬要求。身为共产党员，必须要敢于担当、勇于负责，责任背后有压力、有苦累，但更有光荣和自豪。党员干部作为党和国家事业的主心骨和定盘星，在其位就要履其职、谋其政、尽其责，不能"怕出事不愿干事、怕麻烦不愿抓事、怕吃亏不愿揽事"，面对任务要敢于扛担子、挑大梁，不回避、不推诿，面对问题要敢于承担、敢于负责，积极主动、想方设法去解决，做到不负人民期盼、不负组织重托、不负岗位职责。

---

① 《马克思恩格斯选集》第 1 卷，人民出版社 1995 年版，第 57 页。

"位卑未敢忘忧国，事定犹须待阖棺。"领导干部为官从政、干事创业，应当常怀"昼无为、夜难寐"的责任感和时不我待的紧迫感，把岗位当战位，心无旁骛干工作，一心一意谋实事，做到开展工作不等待、贯彻指示不含糊、出现闪失不诿过，用自身模范行动把群众带动起来，脚踏实地把业务搞精通、把素质练全面、把工作做出色。树立正确的事业观，要正确处理大牺牲与小牺牲、大奉献与小奉献、大境界与小境界的关系，真正做到工于谋事、拙于谋身。要严格自警自律，筑牢拒腐防变的思想防线，特别是要时刻牢记"蛇吞象"的贪婪要不得，"寒号鸟"的侥幸要不得，"温水蛙"的麻痹要不得，"黔之驴"的轻狂要不得，"鸵鸟式"的逃避要不得，要有"君子坦荡荡"的德行，有"深藏功与名"的品格，有"宁静以致远"的境界。要常修为政之德、常思贪欲之害、常怀律己之心，始终在思想上常放一把"枪"、在纪律上常拴一根"绳"、在行动上常泼一瓢"水"，自觉系好第一颗"扣子"，严格把牢第一次"关口"，自筑"防火墙"、自套"紧箍咒"、自设"高压线"，从小事严起、从小节守起、从小利防起，在各种诱惑面前稳住神、刹住车、走对路。要坚持廉洁从政、廉洁用权、廉洁修身、廉洁齐家，以平常之心对"名"，以知足之心对"利"，以敬畏之心对"权"，以进取之心对"事"，不自恃、不自负、不自诩、不自卑、不自以为是，不断增强政治定力、纪律定力、道德定力、抵腐定力。

许光达大将的降衔申请书

1955年9月，人民解放军开始实行军衔制，进行首次授衔。当许光达得知自己将被授予大将军衔的消息时，脸上没有半分激动，相反，他的内心极不安宁。许光达觉得，几十年的风雨历程，和他并肩作战过的战友数不胜数，甚至还有很多人连名字都没能留下。他能幸存下来已属不易，今天的成就是无数战士的流血牺牲换来的，他觉得自己已经得到很高的荣誉了。为求心安，为达公正，许光达主动向毛泽东主席申请，请求给自己降衔。他提议，把大将军衔授给其他功勋更为卓著的人，授予自己上将军衔即可。看过这封信后毛泽东感触良多，他被许光达的情真意切深深打动。后来，中央军委召开了一次会议，毛泽东在会议上，当众拿出许光达写的"降衔申请书"。面对会上的各位军委领导，他感慨地说："这是一面明镜，是共产党人自身的明镜！""五百年前，大将徐达，二度平西，智勇冠中州；五百年后，大将许光达，几番让衔，英名天下扬！"毛泽东的一番话，既肯定了许光达对革命所做的贡献，同时也对他不沽名钓誉的高贵品格进行了高度赞扬。许光达大将的降衔申请书内容如下：

军委、各位副主席：

授我以大将衔的消息，我已获悉。这些天，此事小槌似地不停地敲击心鼓，我感谢主席和军委领导对我的高度器重。高兴之余，惶惶难安。我扪心自问：论德、才、资、功，我佩戴四星，心安神静吗？此次，按新民主主义革命时期的功绩授勋。回顾自身历史，1925 年参加革命，战绩平平。1932—1937 年，在苏联疗伤学习，对中国革命毫无建树。而这一时期是中国革命最艰难困苦的时期；蒋匪军数次血腥的大"围剿"，三个方面军被迫作战略转移。战友们在敌军层层包围下，艰苦奋战，吃树皮草根，献出鲜血生命。我坐在窗明几净的房间吃牛奶、面包。自苏联返回后，有几年是在后方。在中国人民的行列里，在中国革命的事业中，我究竟为党为人民做了些什么？

对中国革命的贡献，实事求是地说，是极不足道的。不要说同大将们比，心中有愧，与一些年资较深的上将比，也自愧不如。和我长期共事的王震同志功勋卓著：湘鄂赣竖旗，南泥湾垦荒；南下北返，威震敌胆；进军新疆，战果辉煌……

为了心安，为了公正，我曾向贺副主席商请降衔。现在我诚恳、慎重地向主席、各位副主席申请：授我上将衔。另授功勋卓著者以大将。

许光达

1955 年 9 月 10 日

实践出真知，实干见真才。领导干部要想树立正确的事业观，就要坚持真抓实干、狠抓落实，一切工作都要往实里做、做出实效，不好高骛远、不脱离实际，把做老实人、说老实话、干老实事作为人生信条，这样才能真正立得稳、行得远。2017 年 10 月 18 日，习近平总书记在党的十九大上强调，增强狠抓落实本领，坚持说实话、谋实事、出实招、求实效，把雷厉风行和久久为功有机结合起来，勇于攻坚克难，以钉钉子精神做实做细做好各项工作。① 2018 年 9 月 20 日，习近平总书记主持召开中央全面深化改革委员会第四次会议强调，改革重在落实，也难在落实。改革进行到今天，抓改革、抓落实的有利条件越来越多，改革的思想基础、实践基础、制度基础、民心基础更加坚实，要投入更多精力、下更大气力抓落实，加强领导，科学统筹，狠抓落实，把改革重点放到解决实际问题上来。② 2021 年 2 月 25 日，习近平总书记在全国脱贫攻

---

① 《习近平著作选读》第二卷，人民出版社 2023 年版，第 56 页。
② 《习近平主持召开中央全面深化改革委员会第四次会议强调 加强领导科学统筹狠抓落实 把改革重点放到解决实际问题上来》，《人民日报》2018 年 9 月 21 日。

坚总结表彰大会上强调，坚持求真务实、较真碰硬，做到真扶贫、扶真贫、脱真贫。我们把全面从严治党要求贯穿脱贫攻坚全过程和各环节，拿出抓铁有痕、踏石留印的劲头，把脱贫攻坚一抓到底。我们突出实的导向、严的规矩，不搞花拳绣腿，不搞繁文缛节，不做表面文章，坚决反对大而化之、撒胡椒面，坚决反对搞不符合实际的"面子工程"，坚决反对形式主义、官僚主义，把一切工作都落实到为贫困群众解决实际问题上。① 责任重在落实，落实不到位，责任就会成为一句空话。我们有许多工作没干好，不是会开得少了、文件发得迟了，而是落实上下的功夫不够。领导干部要不图虚名，不务虚功，出实招、办实事、求实效，咬定青山不放松，不达目的不罢休，通过解决一个个具体问题，化解一个个具体矛盾，排除一个个具体障碍，把各项决策部署真正落到实处，才能使我们的工作有新进步、事业有新发展。

作风决定作为，实干才有实效。事业实绩是衡量和评价干部最重要的标准，干部所有的能力、素质，最终都会在工作实绩中体现出来。作为领导干部，就是要牢记党的宗旨，发扬党的优良传统，全心全意为人民服务，以创造性工作把党中央决策部署落到实处；作为新时代领导干部，树立和践行正确的事业观，就要提高履行岗位职责所需要的技能和知识水平，成为行家里手。无论是干事创业还是攻坚克难，不仅需要宽肩膀也需要铁肩膀，不仅需要政治过硬也需要本领高强。党和国家事业越发展，对领导干部的能力要求必然越高，所以党中央提出了全面增强执政本领的要求。领导干部要自觉对照这个要求，补强本领上短板、能力上不足。能力不是一劳永逸、一蹴而就的，必须持续升级、不断扩容。要增强学习新知

---

① 习近平：《在全国脱贫攻坚总结表彰大会上的讲话》，《人民日报》2021 年 2 月 26 日。

识、掌握新本领的自觉性和紧迫感，加强学习、重新学习，学出坚定信仰，铸牢忠诚之魂；学出人民情怀，坚守为民之心；学出正确政绩观，走好赶考之路；学出过硬本领，增强干事之能；学出务实作风，涵养清廉之气，不断掌握新知识、熟悉新领域、开拓新视野，全面提高领导能力和执政水平，积极适应事业的变化，有效应对形势和任务发展带来的新挑战。

有担当则进，敢作为则胜。作为"头雁"的领导干部，要有蓬勃向上的朝气、冲锋陷阵的锐气、舍我其谁的勇气，拿出"拼"的劲头、呈现"稳"的势头、形成"进"的态势，面对目标敢冲敢拼、面对工作敢抓敢管、面对难题敢作敢为，大力弘扬"遇事不怕事，有事能扛事"的作风、"既善于抓大事，又把大事抓具体"的作风、"明知山有虎，偏向虎山行"的作风、"今天再晚也是早、明天再早也是晚"的作风，做起而行之的行动者、不做坐而论道的清谈客，当攻坚克难的奋斗者、不当怕见风雨的泥菩萨，做善作善成的实干家、不做夸夸其谈的客里空。船到中流浪更急、人到半山路更陡。要在大风大雨面前不灰心、不气馁，在挫折挑战面前不"躺平"、不"摆烂"，勇于同困难作斗争、在逆境中奋起，敢于挑最重的担子、啃最硬的骨头，做到在直面问题中历练胆识，在化解矛盾中增长本领，在应对挑战中磨炼意志，团结带领广大人民群众心往一处想、劲往一处使、拧成一股绳、干成一番事，努力在火热发展的大熔炉中百炼成钢，竭尽全力为发展拼出一片新天地。

三、知责于心、担责于身、履责于行

"一语不能践，万卷徒空虚。"领导干部要树立和践行正确的事业观，就必须强化责任意识，坚持党的事业第一，坚持人民的利益高于一切，知责于心、担责于身、履责于行，切实履行党和人民赋予的职责。从字面上理解，责任指个体分内应做的事，主要是来自对他人的承诺、职业要求、道德规范和法律法规等，以及没有做好自己分内事情而应承担的不利后果或强制性义务。通俗地说，责任就是要做好分内的事，并承担自己行为的后果。责任是一个完整的体系，主要包含五个方面的基本内涵：责任意识，是"想干事"；责任能力，是"能干事"；责任行为，是"真干事"；责任制度，是"可干事"；责任成果，是"干成事"。2014年1月14日，习近平总书记在十八届中央纪委三次全会上发表重要讲话强调，有权就有责，权责要对等。无论是党委还是纪委或其他相关职能部门，都要对承担的党风廉政建设责任进行签字背书，做到守土有责。出了问题，就要追究责任。决不允许出现底下问题成串、为官麻木不仁的现象！不能事不关己、高高挂起，更不能明哲保身。

"知责任者，大丈夫之始也；行责任者，大丈夫之终也。"在工作中，责任意识就是尽职尽责、尽心尽力、真抓实干的工作方法；责任意识就是爱岗敬业，扎实工作的认真态度；责任意识就是对工作高度的负责任，努力将工作落到实处的进取精神。"责任重于泰山""责任心决定质量"，充分说明了责任意识对于工作的重要意义。实践证明，责任是做事做人能否成功的前提，有了责任，没有做不到的事，没有办不好的事，而不负责任将一事无成，寸步难行。责任是一种忠诚，责任是一种义务，责任是一种压力，责任是一种操守，责任也是一种动力，归根结底责任是一种文化，是一个人的精神和灵魂。只要我们增强责任感，牢固树立责任意识，迎难而上、真抓实干，尽职尽责、尽心尽力，克服推诿、拖拉、随意、应付的不良作风，高质高效地落实好各项任务指标，我们的工作质量及效果就一定会有保障，我们的事业目标和任务就一定能够实现。

中国历来有"天地生人，有一人应有一人之业；人生在世，生一日当尽一日之勤"的责任意识和"天下兴亡，匹夫有责"的担当精神。唐朝大诗人杜甫写道"安得广厦千万间，大庇天下寒士俱欢颜"，唐代诗人韦应物写道"身多疾病思田里，邑有流亡愧俸钱"，唐朝诗人白居易写道"乃知大寒岁，农者尤苦辛""念彼深可愧，自问是何人"，北宋范仲淹写道"先天下之忧而忧，后天下之乐而乐"，明末清初大思想家顾炎武写道"保天下者，匹夫之贱，与有责焉"。清朝郑板桥写道："衙斋卧听萧萧竹，疑是民间疾苦声。些小吾曹州县吏，一枝一叶总关情。"领导干部常用"责任之心"激励自己，就能保持"一事未办完，寝食不安；一事未办好，夙夜忧叹；一事有闪失，如芒刺背"的工作态度，多检讨是不是履行了职责，有没有玷污肩负的神圣使命，多些自我反省、自我批评、自我整改。金末元初的大诗人元好问的《四哀诗·李钦叔》中有句非常有名的话："当官避事平生耻，视死如归社稷心。"意思是，在其位要谋其政，做官避事是平生最大的耻辱，为了国家民族牺牲生命也在所不惜。古人尚且有如此境界认识，何况我们新时代的共产党人？因此，我们各级党员干部特别是领导干部在担当问题上不仅要敢说，还要敢干。不能上级讲担当，也跟着喊担当，就是不敢出来真担当。都想升堂坐帐，没有人挂帅出征，更没有人愿意当先锋打头阵，是打不赢仗的。敢不敢担当，说到底就是公、私两个字决定的。工作就是不断发现问题和解决问题的过程，只要我们行得正、坐得端，只要我们是一心一意为党工作的，只要我们做得光明正大，一碗水端平，没有什么人的老虎屁股摸不得，谁举报谁来查都并不可怕。如果个人私心杂念过重，必然前怕狼后怕虎，这个人也不敢说，那个人也不敢惹，对歪风邪气妥协退让，最终让歪风成风，让邪气成气，既有损于风气建设，又有损于组织威信。

人是社会中的人，社会身份不同，在社会中扮演的角色不同，承担的相应责任也不尽相同。作为家庭成员就要承担家庭成员的责任，孝顺父母，照顾爱人，培养教育孩子；作为社会成员就要承担社会成员的责任，遵纪守法，诚实待人，热心公益；作为领导干部就要上对组织负责，下对群众负责，干好事业，服务人民。履职尽责，是领导干部的本分。习近平总书记在谈到领导干部的责任时，曾讲过一个历史典故：清朝管理钱塘江大堤的塘官，官居四品。但有一条，就是不能决堤。如果决堤了，不等皇帝派人找他，他自己就跳江自尽了。封建官吏尚且如此，我们作为新时代的领导干部，更应该有强烈的责任意识，真正做到守土有责、守土负责、守土尽责，真正让我们的工作不断出彩，助力推进党和国家的各项事业得到不断发展、不断前进。

从《颁令箴》到《戒石铭》

五代十国时期，后蜀孟知祥称帝后，为了酬谢昔日患难与共一同打江山的将相大臣，给他们诸多宽厚的待遇。然而这些官吏借此机会肆无忌惮地害民虐庶，搜刮民脂民膏。孟昶继位后，为整饬吏治，于广政四年（941）亲撰《颁令箴》24 句，以此诫谕地方官要爱护百姓，不做贪官污吏。

"朕念赤子，旰食宵衣，托之令长，抚养安绥。

政存三异，道在七丝，驱鸡为理，留犊为规。

宽猛得所，风俗可移，无令侵削，无使疮痍。

下民易虐，上天难欺，赋舆是功，军国是资。

朕之爵赏，固不逾时，尔俸尔禄，民膏民脂。

为人父母，罔不仁慈，勉尔为戒，体朕深思。"

宋灭蜀后，宋太宗鉴于前后蜀政治腐败、不战而败的历史教训，将《颁令箴》缩写为4句16字："尔俸尔禄，民膏民脂，下民易虐，上天难欺。"这16个字就是《戒石铭》，于太平兴国八年（983）颁示天下，至南宋绍兴二年（1132）高宗又把这一祖训，颁于各府州县刻石立于大堂前。明太祖朱元璋进一步明令立于甬道中，并建亭保护，故有"戒石亭"之称。清人后因出入不便，改为牌坊，称为"戒石坊"，以进出熟规，铭记不忘。

"天下大事必作于细，古今事业皆成于实"。"细"就是深入具体、真抓细做、"实"就是脚踏实地、真抓实干。经过不懈的努力，我们已经顺利完成了全面建成小康社会的历史任务、实现了第一个百年奋斗目标；现在，我们又已经开启了全面建设社会主义现代化国家新征程，向第二个百年奋斗目标进军，这就需要我们有更加强烈的担当精神，勇于涉险滩、破坚冰、攻堡垒、拔城池。对领导干部来说，日常工作能尽责、难题面前敢负责、出现过失敢担责，既是义务也是责任，既是高标准也是硬要求。身为领导干部，必须要敢于担当、勇于负责，责任背后有压力、有苦累，但更有光荣和自豪。领导干部作为党和国家事业的主心骨和定盘星，在其位就要履其职、谋其政、尽其责，不能"怕出事不愿干事、怕麻烦不愿抓事、怕吃亏不愿揽事"，面对任务要敢于扛担子、挑大梁，不回避、不推诿，面对问题要敢于承担、敢于负责，积极主动、想方设法去解决，做到不负人民期盼、不负组织重托、不负岗位职责。

"疾风知劲草，板荡识诚臣"。领导干部作为"关键少数"，要有站位、有情怀，有担当、有责任。新时代领导干部要肩负起三个重大责任：对民族的重大责任、对人民的重大责任、对党的重大责任。为官为民之责，责任重于泰山，不能有一分一秒的忘记，不能有一丝一毫的动摇。责任无处不在，责任伴随始终，认真干事业、忠实尽职责，是党员干部党性修养、官德人品的重要体现。领导干部一定要明白，权力代表着责任，领导意味着使命，要把该担的担子担起来，把该负的责任肩负好，真正为人民掌好权、用好权，决不能把职务作为个人风光的资本，更不能把权力当作谋取私利的手段。作为领导干部，不管能力大小、职务高低、做什么工作，都要常怀责任之心、感恩之心和律己之心，认真落实责任，坚决履职尽责。所谓履职尽责，就是履行职务，尽到职责。做到这一点，第一要明责，把每一个人的职责划分清楚，列出责任清单、任务清单、负面清单，主要负责人的职责、党员干部的职责，都要一一搞清楚；第二要知责，每一个党员干部对自己的职责都要十分清楚，负责的工作是什么，分管的领域在哪里，日常的任务是什么，风险隐患有哪些，心里都要有一本台账，绝不能稀里糊涂；第三要尽责，对照责任清单、任务清单，一项一项地去抓紧落实，保质保量去完成。领导干部不仅要履职尽责，还要爱岗敬业。爱岗敬业就是要求我们要干一行爱一行专一行，要热爱自己的岗位，兢兢业业对待自己的工作，工作要有激情，要有积极性、主动性和创造性。只要我们热爱自己的岗位，心里时刻装着人民，无论从事的是哪项工作，都会脚踏实地，坚持不懈地努力去做，都会在平凡的岗位上干出不平凡的业绩。

人生在世，就要做事。事在人为，人在精神。推动事业发展如逆水行舟、不进则退。大凡有成就、有功绩的党员干部，都是有大责任、大担当的。一个有责任心的人，必定是敬业、热忱、主动、忠诚，把细节做到完美的人。在责任心的驱使下，会积极主动挖掘自己的潜能，会更加勇敢、坚忍和执着，会充满激情，勤奋地工作，由此可见，无论一个人有多么优秀，他的能力都要通过尽职尽责的工作来体现。所以，责任心是成事之基。一个人对工作的责任心，在很大程度上决定了事业的成败，强烈的责任心是我们做好工作、成就事业、成长进步的动力源泉。首先，强烈的责任心是共产党员世界观、人生观、价值观的体现。有什么样的世界观、人生观、价值观，就有什么样的权力观、政绩观、事业观，就有什么样的责任心、使命感、意志力。我们共产党人，以实现共产主义为远大理想，以全心全意为人民服务为宗旨，以立党为公、执政为民为价值追求，我们的责任心完全是为了人民，为了党的事业。其次，强烈的责任心是对党的事业高度负责的体现。很难想象，一个责任心缺失的人，怎么会对党的事业负起责任？一个党员对家庭不负责、对工作不负责，又怎么可能会对党负责？见微知著，一叶知秋。从一件小事就可以看出其内心深处的责任担当。最后，强烈的责任心是党纪政纪的规范。职务意味着责任，岗位意味着风险，不履职尽责，就会受到党纪政纪的追究。党员干部的责任心就是对自己、对家庭、对集体、对他人、对社会、对党负责，这是做人的根本，也是党员的根本。

追求卓越、渴望优秀是每个人的梦想，但脚踏实地、平凡工作是每个人的现实。梦想成于奋斗，伟大出自平凡。奋斗，因岗位、领域、环境而表现不同，但奋斗精神是一样的。奋斗需要热血担当，也需要埋头苦干；走上重要岗位需要奋斗，坚守平凡岗位也需要奋斗。奋斗不只是响亮的口号，而是要在做好每一件小事、完成每一项任务、履行每一项职责中见真章。只要有坚定的理想信念、不懈的奋斗精神，脚踏实地把每件平凡的事做好，一切平凡的人都可以获得不平凡的人生，一切平凡的工作都可以创造不平凡的成就。平凡铸就伟大，英雄来自人民。习近平总书记指出："世上没有从天而降的英雄，只有挺身而出的凡人。"① 正是有了无数挺身而出的平凡人在困难面前豁得出去、关键时刻冲得上去，才让中华大地遍地英雄。在和平年代，王继才守岛卫国 32 年，他说"国旗插到哪里，哪里就是我们的国土"，他用无怨无悔的坚守和付出，在平凡岗位上书写了不平凡的人生华章。广西乐业县新化镇百坭村第一书记黄文秀，因公牺牲时年仅 30 岁，她研究生毕业后放弃大城市工作机会，毅然回到家乡，在脱贫攻坚第一线倾情投入、奉献自我，用美好青春诠释了共产党人的初心和使命，谱写了新时代的青春之歌。战斗英雄张富清，60 多年深藏功名，一辈子坚守初心、不改本色，他说："战友们献出了宝贵的生命，我有什么资格显摆自己啊"，在部队，他保家卫国；到地方，他为民造福。他用自己的朴实纯粹、淡泊名利书写了精彩人生。社会主义是干出来的，新时代是奋斗出来的。每一个在平凡岗位上兢兢业业、踏实肯干、勇于担当作为的人都能成为我们学习的榜样和英雄。我们要大力弘扬劳模精神、劳动精神、工匠精神，以"择一事终一生"的执着专注、"干一行专一行"的精益求精、"偏毫厘不敢安"的一丝不苟、"千万锤成一器"的追求卓越，爱岗敬业、艰苦奋斗，勇于创新、甘于奉献，用实干成就梦想，在平凡中创造不凡，努力汇聚起推进高质量发展的坚实力量，在全面建设社会主义现代化国家新征程上创造新的时代辉煌。

观念一变天地宽，思想一转无事难。面对新征程上的新挑战新

---

① 习近平：《在全国抗击新冠肺炎疫情表彰大会上的讲话》，《求是》2020 年第 20 期。

考验，必须敢闯敢试、敢想敢干、敢破敢立、敢为人先，不为既有经验所缚，不为传统模式所困。如果知识不够、眼界不宽、能力不强，甚至"身体进入新时代，思维停在旧习惯"，就会耽误事，小则影响工作进度成效、耽误自身前途发展，大则影响国家事业发展、阻滞民族复兴进程。因此，推进现代化建设，对全体党员干部的思想观念、能力水平、作风形象提出了新的更高要求。新征程新使命要求我们必须以思想观念的现代化为中国式现代化提供强大精神动力和坚强思想保障。当前，我们广大党员干部的精神状态整体是好的，但在不同程度上也存在着一些亟待解决的突出问题：有的精神懈怠、工作松弛、敷衍塞责、消极应付；有的思想僵化、眼界不宽，小富即安、小进即满；有的按部就班、墨守成规，安于现状、进取不够；有的肆意妄为、任性用权，不讲规矩、不知敬畏；有的本领恐慌、能力不足，只想当官、不想干事；特别是面对各种可以预料和难以预料的风险挑战、艰难险阻甚至惊涛骇浪，一些党员干部焦虑畏难、信心不足，推诿扯皮、为官不为，碰到困难绕道走，出现难题就上交。这些消极情绪，严重影响工作事业前景成效，严重损害人民群众根本利益，严重阻碍经济社会高质量发展，已经成为现代化道路上的"拦路虎"和"绊脚石"，必须认真对待，严肃处理，彻底解决，切实把思想观念变革作为改革发展创新的先发性优势和推动高质量发展的先决性条件。

物有其本，事有其源。领导干部要为党分忧，为党担责，迫切需要上下一心，主动干、埋头干，干出新成就，干出新面貌，干出新天地。质胜于华，行胜于言。马克思在《哥达纲领批判》中说："一步实际行动比一打纲领更重要。"[1] 再好的理念、思想和政策，

---

[1] 《马克思恩格斯文集》第3卷，人民出版社2009年版，第426页。

没有执行力，不能抓落实，一切都是空谈。要强化责任意识，坚持"发展要结果，不要理由；事业要行动，不要空谈；工作要落实，不要作秀"的工作导向，深入实际、深入群众，解难题、办实事、创业绩。权力就是责任，有多大权力就要承担多大责任。领导干部要坚持秉公用权、严以用权、为民用权、廉洁用权，时刻以如履薄冰、如临深渊的心态，对权力始终心存敬畏。只有牢记手中的权力来自人民的赋予，不是自己可以任意使用的"私器"，才能自觉克服特权思想，任何时候都不搞特权、不以权谋私，真正把权力作为为党尽忠、为民办事的"公器"，做人民的公仆。领导方法千万条，带头表率很重要。领导干部什么时候都不能忘记自身责任，什么时候都不能忘记模范带头，越是困难时刻，越不能被困难吓倒，越是考验时刻，越要凸显担当，在大战大考关键时刻要冲得上去、豁得出来、拿得下来，把心思凝聚到干事业上，把精力集中到做实事上，把功夫下在抓落实上，善谋事、能干事、干成事。

有人曾形象地说，中国共产党是"史上最牛的创业团队"。在100多年的时间里，我们党从一个50多人的普通团体发展壮大为超过9900多万人的世界最大政党，在执政后的70多年时间里，成功地将一个饱受欺凌、一穷二白的国家，发展成世界第二大经济体。增强忧患意识、责任意识，强化责任担当、底线思维，做到居安思危、未雨绸缪，是我们党从历史兴替中得出的一条重要经验，也是执政兴国必须始终坚持的一个重大原则。2018年1月5日，习近平总书记在新进中央委员会的委员、候补委员和省部级主要领导干部学习贯彻习近平新时代中国特色社会主义思想和党的十九大精神研讨班开班式上提出了著名的"四个不容易"：功成名就时做到居安思危、保持创业初期那种励精图治的精神状态不容易，执掌政权后做到节俭内敛、敬终如始不容易，承平时期严以治吏、防腐戒奢不容易，重大变革关头顺乎潮流、顺应民心不容易。①

中国共产党在内忧外患中诞生、在历经磨难中成长、在攻坚克难中壮大，为了人民、国家、民族，为了理想信念，无论敌人如何强大、道路如何艰险、挑战如何严峻，我们党总是绝不畏惧、绝不退缩，不怕牺牲、百折不挠。正是因为一代代共产党员胸怀天下、心系苍生、肩扛重担，以"生于忧患，死于安乐"的忧患意识、"人无远虑，必有近忧"的风险意识、"居安思危，安不忘危"的底线思维、"天下兴亡，匹夫有责"的责任担当，团结带领中国人民不断从胜利走向新的胜利。面向未来，面对波谲云诡的国际形势、复杂敏感的周边环境、艰巨繁重的改革发展稳定任务，我们既要有防范风险的先手，也要有应对和化解风险挑战的高招；既要打好防范和抵御风险的有准备之战，也要打好化险为夷、转危为机的战略主动战。在新征程上，我们要始终保持"先天下之忧而忧，后天下之乐而乐"的家国情怀，始终保持临深履薄的谨慎、居安思危的忧患，见叶知秋的敏锐，以"不畏浮云遮望眼"的清醒头脑、"乱云飞渡仍从容"的战略定力、"不到长城非好汉"的责任精神，不断战胜前进道路上各种困难和挑战，依靠顽强斗争打开事业发展新天地。

---

① 习近平：《推进党的建设新的伟大工程要一以贯之》，《求是》2019 年第 19 期。

第五章　永葆为民务实清廉的政治本色

为民务实清廉的政治本色是党的初心使命的时代表达，是党的事业兴旺发达的政治根基，是树立和践行正确的权力观、政绩观、事业观的内在要求和必然结果，集中体现了中国共产党人的坚定理想信念、践行性质宗旨、坚守廉洁自律、保持艰苦奋斗等优良品格。树立和践行正确的权力观，必然要恪守清廉要求，牢记权力来自人民，坚持权为民所赋、权为民所用，做到秉公用权、依法用权、谨慎用权、廉洁用权；树立和践行正确的政绩观，必须站稳为民立场，始终坚持以人民为中心的发展思想，把为民造福作为最重要的政绩，集中精力为人民群众办实事，创造出经得起人民认可和历史检验的实绩；树立和践行正确的事业观，必须鲜明务实导向，不搞形式主义、不做表面文章，真抓实干、求真务实，发扬钉钉子精神，不折腾、不反复，切实把工作干出成效来。

一、为民：立党为公、执政为民

为民，即坚持立党为公、执政为民，把实现好、维护好、发展好人民群众的根本利益作为思考问题和开展工作的根本出发点和落脚点。中国共产党一经诞生，就把为中国人民谋幸福、为中华民族谋复兴确立为自己的初心使命。100 多年来，我们党之所以能够团结带领中国人民在新民主主义革命、社会主义革命和建设、改革开放和社会主义现代化建设中不断取得伟大成就，创造了新时代中国特色社会主义事业的历史性成就，根本在于党在任何时候都把人民放在心中最高位置，始终与人民心连心、同呼吸、共命运。

历史是人民创造的。始终把人民放在心中最高位置，要求我们每位党员和领导干部必须把对党的忠诚承诺和对人民的热爱落实在行动上，为群众办实事、谋实利。民心是最大的政治，人心向背关系党的生死存亡。"一切为了群众，一切依靠群众，一切服务群众"，集中体现了党的群众路线、群众立场和群众观点，体现了我们党对人民主体地位的尊重。1942 年，毛泽东同志在延安文艺座谈会上的讲话中，第一次使用了"为人民服务"的科学概念，党的七大党章第一次将"全心全意为人民服务"确立为党的根本宗旨，使党的建设自此有了理论基点、实践基石、价值支撑。我们必须时刻牢记全心全意为人民服务的根本宗旨，坚持"一切为了群众、一切依靠群众，从群众中来、到群众中去"的群众路线，坚定人民信仰、站稳人民立场，无论是谋思路作决策，还是干工作抓落实，都要站在群众一边，用人民群众是否满意作为各项工作的衡量标准，切实践行"权为民所用、情为民所系、利为民所谋"这一核心要求，推动党和人民群众始终同呼吸共命运，从人民群众中汲取智慧和力量，始终保持党同人民群众的血肉联系。

坚持"立党为公"是指中国共产党除了最广大人民群众的利益，没有自己特殊的利益，从来不代表任何利益集团、任何权势团体、任何特权阶层的利益。《礼记·礼运》说，"大道之行也，天下为公"。明朝大儒方孝孺说："大其牖，天光入；公其心，万善出。"清代思想家康有为认为，"盖天下者，天下人之天下，非一人所能私有之。"在传统文化中，"公"是很重要的一个概念范畴，秉公道，弃杂念，去私心，做到公而忘私、大公无私，这是从政为官孜孜以求的价值目标和道德操守。"为公"是中国共产党的核心价值，也是共产党人的行为准则。共产党人为的是大公、守的是大义、求的是大我。我们党坚持"立党为公"就要坚持共产主义远大理想与社会主义共同理想的有机统一，努力实现国家和民族的根本利益、全体人民的共同理想、全人类的共同价值，努力实现国家幸福、民族复兴、人民幸福的伟大目标。"公者千古，私者一时"。作为党的干部，就是要讲大公无私、公私分明、先公后私、公而忘私。只有常怀天下为公之心，时刻装着民族和人民的利益，抛弃私心杂念，把欲望关进自律的笼子，才能无畏、从容，才能大胆改革，才能不出事、干成事。只有始终把党和人民放在心中最高位置，对党忠诚，不负人民，才能真正做一个一心为公、一身正气、一尘不染的人。

坚持"执政为民"是指党的理论路线和方针政策以及全部工作，必须以最广大人民的利益为根本出发点和归宿，做到权为民所用、情为民所系、利为民所谋。在中华优秀传统文化中，以民为本是国家治理最基本的价值理念。例如，《尚书》说："民惟邦本，本固邦宁。"老子说："圣人无常心，以百姓心为心。"孟子说："国以民为本，社稷亦为民而立。"西汉贾谊说："为人臣者，以富乐民为功，以贫苦民为罪。"唐太宗李世民说："君依于国，国依于民。"宋代王安石说："百姓所以养国家也，未闻以国家养百姓也。"宋代苏轼说："享天下之利者，任天下之患；居天下之乐者，同天下之忧。"宋代朱熹说："国以民为本，社稷亦为民而立。"元代许衡说："衣食以厚民生，礼义以养其心。"明代王廷相说："天下顺治在民富，天下和静在民乐，天下兴行在民趋于正。"因此，"以民为本"是中国古代民本思想的精华，在中国绵延千年的大一统发展中发挥了巨大作用，并作为一以贯之的政道传统传承至今。在马克思主义看来，人民群众是历史前进和社会变革的最终决定力量，是实践的主体。新时代的党员干部要把人民放在心中最高位置，坚持人民至上、以民为本，尊重人民主体地位，尊重人民首创精神，拜人民为师，把政治智慧的增长、执政本领的增强深深扎根于人民的创造性实践之中。坚持执政为民是我们党理想信念宗旨的集中体现，是指引、评价、检验我们党一切执政活动的最高标准。我们党要始终把人民利益放在第一位，把实现好、维护好、发展好最广大人民根本利益作为一切工作的出发点和落脚点，使我们的工作获得最广泛最可靠最牢固的群众基础和力量源泉。

从内涵要求上看，坚持立党为公，就是想解决好世界观片面、人生观迷茫、价值观扭曲问题，树立正确的世界观、人生观、价值观。毛泽东同志曾经形象指出："我们共产党人好比种子，人民好比土地。我们到了一个地方，就要同那里的人民结合起来，在人民中间生根、开花。"① 习近平总书记明确指出："我们党来自人民、植根人民、服务人民，党的根基在人民、血脉在人民、力量在人民。失去了人民拥护和支持，党的事业和工作就无从谈起。"② 责任无处不在，担当义不容辞。党员干部政治上的清醒和行为上的坚定，需要理论上的清醒和信念上的坚定，归根结底需要树立正确的世界观、人生观、价值观。作为党的事业的中坚力量，党员干部必须常怀人民公仆情怀，树立"权为民所用、情为民所系、利为民所谋"的执政理念，坚持"问政于民、问需于民、问计于民"，强化为民造福的工作作风、为民谋利的发展思路、为民服务的宗旨意识，在工作中时刻不忘履责尽责担责，在风浪考验面前大胆前行，在诱惑面前立场坚定，敢于担负重任、敢于冲锋在前，做一名忠诚干净担当的人民公仆。

而坚持执政为民，就是想解决好官为谁当、权为谁用的问题，解决权力观、政绩观、事业观错位的问题。坚持执政为民，是我党的初心使命宗旨所决定的。为中国人民谋幸福、为中华民族谋复兴，是中国共产党自成立以来的初心使命。党的百年辉煌历程有力证明，只要在我们党领导的伟大事业中，坚持为了人民、依靠人民，持续诚心诚意为人民谋利益，使人民群众获得实实在在的利益，党就会获得永不枯竭的力量之源，就会不断从胜利走向胜利。党的百年奋斗历史经验也告诉我们，真诚倾听群众呼声，真实反映群众意愿，真情关心群众疾苦，真心解决群众难题，不仅是我们党践行初心使命的根本体现，更是评判我们党一切工作得失成败的根本标准。

---

① 《毛泽东选集》第四卷，人民出版社 1991 年版，第 1162 页。
② 《习近平著作选读》第一卷，人民出版社 2023 年版，第 123 页。

"半条被子"的故事

1934 年 11 月 5 日，中央和军委纵队及红军主力分三路，从湖南汝城南出发，沿大坪、新桥、界头、延寿等乡村进军宜章。这三路进军路线都在崇山峻岭中，沿途一山更比一山高，一山更比一山难。红军面临的形势非常严峻。当时，蒋介石已经基本弄清中央红军主力突围的大方向是西进，与湘西贺龙领导的红军会合。因此，任命湘军头子何健为"追剿"总司令，指挥湘军和蒋系薛岳、周浑元部 16 个师，专门追击红军。红军在汝城遭到敌军的顽抗，迫于形势只好放弃汝城，翻过大山向宜章进军。途中经过了一个叫沙洲的村子。11 月 6 日，三位女红军住进村里的妇女徐解秀家里。当天晚上她们四人一块睡在厢房里，盖的是她床上的一块烂棉絮和一条红军的被子。第二天下午，女红军要走了。为了感谢徐解秀，她们把仅有的一条被子剪了一半送给她。徐解秀不忍心，也不敢要。三位红军说：红军同其他当兵的不一样，是共产党领导的，是人民的军队，打敌人就是为了老百姓过上好生活。在她们互相推让的时候，红军大部队已经开始翻山。徐解秀和丈夫朱兰芳送她们走过泥泞的田埂，到了山边时，天快黑了。徐解秀不放心，想再送一程，因为是小脚，走路困难，就让丈夫送她们翻山。年年这几天，她都要在与女红军分别的山脚下等好久。

2016 年 10 月 21 日，在纪念红军长征胜利 80 周年大会上，习近平总书记作了《一切贪图安逸的想法都要不得》重要讲话，用了湖南汝城沙洲村"半床棉被"这个红色经典故事："一部红军长征史，就是一部反映军民鱼水情深的历史。在湖南汝城县沙洲村，3 名女红军借宿徐解秀老人家中，临走时，把自己仅有的一床被子剪下一半给老人留下了。老人说，什么是共产党？共产党就是自己有一条被子，也要剪下半条给老百姓的人。同人民风雨同舟、血脉相通、生死与共，是中国共产党和红军取得长征胜利的根本保证，也是我们战胜一切困难和风险的根本保证"。

来自人民、植根人民、服务人民，是我们党永久立于不败之地的根本。坚持立党为公、执政为民，就要坚持深入基层，发挥基层党组织作用。基层是培养领导的"大校园"，是锻炼干部的"大熔炉"，是服务群众的"大舞台"。要坚持工作重心下移，经常深入实际、深入基层、深入群众，做到知民情、解民忧、暖民心，把基层一线作为培养锻炼领导干部的基础阵地，引导领导干部在同群众朝夕相处中增进对群众的思想感情、增强服务群众本领，使基层党组织成为服务群众、凝聚人心、推动发展的坚强战斗堡垒。调查研究是我们党的传家宝，本质上是一个了解民情、顺应民意、赢得民心的过程，是人民至上原则在我们党治国理政实践中的工作体现。习近平总书记多次强调"调查研究是做好工作的基本功"，提出"当县委书记一定要跑遍所有的村，当地（市）委书记一定要跑遍所有的乡镇，当省委书记一定要跑遍所有的县市区"。① 在河北正定三年，他跑遍了全县 25 个乡镇、221 个村；在福建福州工作时，他三分之二以上的时间都用在基层调查研究、思考酝酿；在浙江工作时，他调研了全省 90 个县市区，党的十八大后，习近平总书记在深入调研基础上提出精准扶贫战略，成为打赢脱贫攻坚战的制胜法宝。党员干部只有扑下身子、沉到一线，才能在组织群众、服务群众中不断了解社情民意、改掉缺点不足、凝聚人心共识。初到福

---

① 《习近平谈治国理政》第一卷，外文出版社 2018 年版，第 440 页。

建政和县任县委书记的廖俊波第一件事就是开展为期两个月的调研，他下乡村、进厂矿、访社区，跑了1万余公里路，深入群众中倾听民意；广西乐业县百坭村驻村第一书记黄文秀，一边帮村民干农活一边商量脱贫之计，走访全村195户贫困户，绘制了一幅"贫困户分布图"；"全国优秀共产党员"吴诗华把调解室搬到乡下、搬进家中，把为民服务的触角延伸到社会治理的每一个角落，成功为老百姓化解了3800余起纠纷。调查研究见证着我们党员干部的初心与行动，只有不断向人民群众学习，问计于民、问需于民，才能真正帮助基层解决实际问题。

"四下基层"优良传统

"四下基层"是习近平同志在福建工作期间大力倡导并身体力行形成的工作方法和工作制度。1988年12月，习近平同志刚到福建宁德工作不久，就在霞浦县主持第一个"地县领导接待群众来访日"，"当面锣对面鼓"地为百姓解决切身的问题。一天时间里，地、县两级领导共接待群众102名，受理问题86件，其中12件当场解决，其余要求在一个月内处理完毕。1989年1月，习近平同志提出宁德地区当年要开展三项活动：地县领导到基层去现场办公、各级领导建立群众接待日制度、领导干部同基层单位挂钩联系。后来，习近平同志将这些做法具体化并完整阐述为"宣传党的路线、方针、政策下基层，调查研究下基层，信访接待下基层，现场办公下基层"。在福建工作期间，习近平同志一有时间就坚持用脚步丈量民情，深入现场集中"会诊"，留下了"九进寿宁""三进下党""七下晋江"等生动事迹。"四下基层"呈现了习近平新时代中国特色社会主义思想在福建孕育和实践的光辉历程，蕴含了一切从实际出发、实事求是的思想方法，彰显了人民至上、以人民为中心的价值追求，体现了真抓实干、求真务实的责任担当，对于转变干部作风、密切联系群众，破解工作难题、推动高质量发展，加强党的建设、做好各方面工作等，都具有重要意义。

新征程上，面对严峻复杂的各种风险挑战、困难问题和艰巨繁重的改革发展稳定任务，我们要以对党的事业负责、对人民利益负责的使命感，把调查研究作为一项尽职履责的基本功，扑下身子，深入基层、深入群众、深入一线，现场看、当面听、直接问，多了解基层群众的所思所想所盼，多发现工作存在问题的痛点难点堵点，搞清楚问题是什么、症结在哪里，拿出破解难题的妙招、实招、硬招。要使调研过程成为广大党员干部践行全过程人民民主、保持同人民群众血肉联系的过程，将党的创新理论切实转化为推动事业发展的生动实践，推动调研成果的转化和落实，让人民群众的获得感、幸福感、安全感更加充实、更有保障、更可持续。

大公才能无私，无私才能无畏，无畏才敢担当。只有一心为公、事事出于公心，一张蓝图绘到底，咬定青山不放松，才能立党为公、执政为民，才能坦荡做人、谨慎用权，才能光明正大、堂堂正正。种树者必培其根，种德者必养其心。不能胜寸心，安能胜苍穹？2015 年 12 月 11 日，习近平总书记在全国党校工作会议上指出，党性教育是共产党人修身养性的必修课，也是共产党人的"心学"。① 习近平总书记在 2021 年秋季学期中央党校（国家行政学院）中青年干部培训班开班式上的重要讲话中再次强调，要修

---

① 习近平：《在全国党校工作会议上的讲话》，《求是》2016 年第 9 期。

炼共产党人的"心学"，坚持学思用贯通、知信行统一，其中一个重要目的就是要求党员干部坚定理想信念、增强党性。① 党性是党员干部立身、立业、立言、立德的基石，是党的先进性和纯洁性在党员个体上的具体表现，包含了政治觉悟、思想素质、道德修养等方面。共产党人的"心学"，涉及共产党人的世界观、人生观、价值观和权力观、政绩观、事业观等问题，决定着共产党人的理想、信仰、信念，是确保党永远不变质、不变色、不变味的一门学问。每一名共产党员加强党性锻炼，勤于修炼自己的"心学"，努力做到信念坚定、政治可靠、素质过硬、纪律严明、作风优良，永葆共产党人的先进性和纯洁性。

"阳明心学"

王守仁（1472年10月31日—1529年1月9日），汉族，幼名云，字伯安，别号阳明。浙江绍兴府余姚县（今属宁波余姚）人，因曾筑室于会稽山阳明洞，自号阳明子，学者称之为阳明先生，亦称王阳明。明弘治十二年（1499）王守仁考取进士，授兵部主事。做了三年兵部主事，因反对宦官刘瑾，于明正德元年（1506）被廷杖四十，贬谪贵州龙场（修文县治）驿丞。龙场万山丛薄，苗、僚杂居。在龙场这既安静又困难的环境里，王阳明结合历年来的遭遇，日夜反省。一天半夜里，他忽然有了顿悟，认为心是感应万事万物的根本，由此提出心即理的命题。认识到"圣人之道，吾性自足，向之求理于事物者误也"。这就是著名的"龙场悟道"。

刘瑾被诛后，王阳明任庐陵县知事，累进南太仆寺少卿。

---

① 习近平：《努力成为可堪大用能担重任的栋梁之才》，《求是》2022年第3期。

其时，王琼任兵部尚书，以为守仁有不世之才，荐举朝廷。正德十一年（1516）擢右佥都御史，继任南赣巡抚。他上马治军，下马治民，文官掌兵符，集文武谋略于一身，做事智敏，用兵神速。以镇压农民起义和平定"宸濠之乱"拜南京兵部尚书，封"新建伯"。后因功高遭忌，辞官回乡讲学，在绍兴、余姚一带创建书院，宣讲"王学"。嘉靖六年（1527）复被派总督两广军事，后因肺病加疾，上疏乞归，病逝于江西南安舟中。谥文成。

阳明心学是明代著名思想家王阳明的心学思想，其精神内涵包括"心即理""知行合一""致良知"等。一是"心即理"。这是阳明心学的逻辑起点，是其哲学的理论基础，亦可说是他的宇宙观。"吾心便是天理"，是说我心与万物一体，万物就在我心中，而心的存在也离不开万物。王阳明强调"外吾心而求物理，而无物理"，还强调"遗物理而求吾心，吾心又何物"。二是"知行合一"。这是阳明心学的核心，是其理论体系的主体。王阳明提倡"知行合一"，着重于从知行的同一性方面进行深入探讨，进而认识到"知行并进""知是行之始，行是知之成"。他自信"知行合一"论，既可矫正程朱理学"知先行后"之偏，又可补救世人"知而不行"之弊。三是"致良知"。这是阳明心学方法论的核心思想，是王阳明对"心即理""知行合一"等心学命题的理论概括与升华。王守仁年轻时为了实践朱熹的"格物致知"学说，曾格了七日七夜的竹子，希望格出竹子之理，这就是著名的"守仁格竹"的典故。王守仁通过对格竹子之理失败的经验的总结，对朱熹的"格物致知"论非常不满，提出了自己的"致良知"学说，将《大学》中的"致知"说，与孟子"良知"说结合起来，加以改造而成。孟子认为，亲亲是仁，敬长是义，人之本心自发地知人知义，这就是良知。致良知的"致"，是指道德实践的功夫。"致良知"命题的提出，标志着阳明心学理论体系已经成熟。

宋代文人林逋说，"心不清则无以见道，志不确则无以立功"。修炼好共产党人的"心学"，对于广大党员干部的凝心铸魂、补钙壮骨、固本培元、怀德自重至关重要，是全党统一思想、统一意志、统一行动的关键之举。修炼共产党人的"心学"，就是坚定忠诚于党和人民的原则立场，涵养斗争精神和艰苦奋斗的价值追求，从根本上树立一切为了人民、一切依靠人民的价值观，始终心系党、心系国家、心系人民，自觉坚持党性原则、强化党的意识，牢记自己的第一身份是共产党员、第一职责是为党工作，做到忠诚于组织，任何时候都与党同心同德。修炼共产党人的"心学"，必须坚持求真务实的作风，真抓实干、埋头苦干，解放思想、开拓创新，让实事求是成为一种人生态度、一种工作责任、一种精神追求，融入履行的使命任务之中，融入当前正在做的工作之中。① 领导干部只有下大气力苦练内功、修好"心学"，练就思想上的金钟罩、铁布衫，装好行为上的防火墙、安全阀，铸就金刚不坏之体、修成百毒不侵之身，才能有勤于学习、敢于负责、勇于担当、善于作为的底气、胆气、正气、锐气。在强国建设、民族复兴的伟大征途上，每一名领导干部都要不忘初心使命、牢记职责担当，常怀忧民之心、常思爱民之情、常谋惠民之举，永远保持同人民风雨同舟、血脉相通、生死与共。只要我们始终同人民群众想在一起、干在一起，坚持不懈为群众办实事做好事，就一定能创造无愧于人

---

① 李永胜、李渝萱：《修炼共产党人的"心学"》，《解放军报》2022年6月29日。

民、无愧于历史、无愧于时代的伟大业绩。

二、务实：实字当头、干字为先

务实，即坚持实字当头、干字为先，出于对党和人民的事业高度负责，求真务实，脚踏实地，埋头苦干，坚持重实际、鼓实劲、求实效，扎扎实实地把党和国家的各项决策和工作落到实处。真抓实干、狠抓落实，既需要世界观，也需要方法论。毛泽东同志在《关心群众生活，注意工作方法》一文中指出："我们不但要提出任务，而且要解决完成任务的方法问题。我们的任务是过河，但是没有桥或没有船就不能过。"①"河"是阻挡在完成任务前路上的问题，过河就是要解决问题，而"桥和船"就是解决问题的具体方法。因此，发现问题、分析问题、解决问题，就是关于"河桥船"的根本问题。作为新时代新征程的强大思想武器和科学行动指南，习近平新时代中国特色社会主义思想既有宏观层面的整体指导，又有具体层面的实践路径，既有理论观点上的创新和突破，又有工作布局上的部署要求。在领导干部树立正确的权力观、政绩观、事业观方面，习近平总书记指出，中国共产党是人民的党，是为人民服务的党，共产党当家就是要为老百姓办事，把老百姓的事情办好；明确要坚持实事求是、求真务实，从实际出发谋划事业和工作，使提出的点子、政策、方案符合实际情况、符合客观规律、符合科学精神，以创造性工作把党中央决策部署落到实处；强调要有真抓的实劲、敢抓的狠劲、善抓的巧劲、常抓的韧劲，抓铁有痕、踏石留印抓落实。要明确属于自己职责范围内的任务，抓住突出短板和薄

① 《毛泽东选集》第一卷，人民出版社1991年版，第139页。

弱环节，分清轻重缓急，加强政策配套，加强协同攻坚，加强督察落实，确保各项目标任务按时保质完成；告诫绝不能脱离实际硬干，更不能为了出政绩不顾条件什么都想干，为官一方，为政一时，当然要大胆开展工作、锐意进取，同时也要保持工作的稳定性和连续性。[①] 这些重要论述为我们如何为官从政、干事创业，指明了方向、提供了遵循。

方向决定道路，道路决定命运。一切从实际出发，理论联系实际，实事求是，在实践中检验真理和发展真理，是我们党在长期的革命和建设实践中确立的思想路线，是我们党认识、分析和处理问题所遵循的最根本的指导原则和思想基础，也是我们党领导人民不断取得革命、建设和改革胜利的重要保证。当前，我们讲一切从实际出发，最大的实际就是中国现在处于并将长期处于社会主义初级阶段。历史和现实都告诉我们，只有社会主义才能救中国，只有中国特色社会主义才能发展中国，这是历史的结论、人民的选择。中国近代以来的发展历史充分表明，无论是照搬西方资本主义制度，还是照搬别国的社会主义模式，都不能解决中国的问题，中国必须走自己的路，建设中国特色社会主义。中国特色社会主义道路是中国社会历史发展的必然选择，是党和人民百年奋斗、创造和积累的根本成就，必须倍加珍惜、始终坚持、不断发展。

鞋子合不合脚，只有穿的人才知道；一个国家的发展道路合不合适，只有这个国家的人民才最有发言权。道路走得怎么样，最终要靠事实说话，要由人民来裁判。我们党和人民在长期实践探索中，坚持独立自主走自己的路，成功开辟中国特色社会主义道路，从根本上改变了中国人民和中华民族的前途命运。新中国成立 70

---

① 张毅、刘维涛、张洋：《总书记这样教育引导党员干部树牢正确政绩观》，《人民日报》2023 年 5 月 16 日。

多年来特别是改革开放 40 多年来，我国经济实力、综合国力大幅提升，人民生活显著改善，国际地位空前提高，自 2010 年起我国经济总量牢牢占据世界第二位。这样的发展，这样的巨变，在人类发展史上都是罕见的。新中国成立 70 多年来创造了世所罕见的经济快速发展奇迹和社会长期稳定奇迹，这"两大奇迹"雄辩地证明：中国特色社会主义这条路，走得通、走得对、走得好，是科学社会主义在中国大地上的具体实现，是实现社会主义现代化的必由之路，是实现中华民族伟大复兴、创造人民美好生活的必由之路，是一条在马克思主义真理照耀下的成功之路、胜利之路、复兴之路。我们坚信，在中国特色社会主义旗帜的指引下，我们的制度必将越来越成熟，我国社会主义制度的优越性必将进一步显现，我们的道路必将越走越宽广。

通向高质量发展之路，说到底是改变、突破与超越。党的十八大以来，以习近平同志为核心的党中央高度重视领导干部的观念能力作风建设，强调"党的历次集中教育活动，都以思想教育打头"，指出"没有思想的大解放就不会有改革的大突破"，要求广大领导干部要做到"五个过硬"、提升"七大思维"、提高"七种能力"、增强"八种本领"。[①] 这些重要论述，为新时代推进干部观

---

① "五个过硬"即信念过硬、政治过硬、责任过硬、能力过硬、作风过硬，是习近平总书记于 2018 年 1 月 5 日在学习贯彻党的十九大精神研讨班开班式上对中央委员会成员和省部级主要领导干部提出的 5 点要求；"七大思维"战略思维、辩证思维、系统思维、创新思维、历史思维、法治思维、底线思维，是习近平总书记在党的二十大报告中对领导干部提出的科学思想方法和工作方法；"七种能力"即政治能力、调查研究能力、科学决策能力、改革攻坚能力、应急处突能力、群众工作能力、抓落实能力，是习近平总书记于 2020 年 10 月 10 日在秋季学期中共中央党校（国家行政学院）中青年干部培训班开班式上对干部特别是年轻干部提出的要求；"八种本领"即学习本领、政治领导本领、改革创新本领、科学发展本领、依法执政本领、群众工作本领、狠抓落实本领、驾驭风险本领，是习近平总书记于 2017 年 10 月 18 日在党的十九大报告中提出的本领要求。

念能力作风建设提供了根本遵循。上有所率，下有所进；上有所行，下有所效。领导干部作为推进现代化建设的主力军、先锋队、领头雁，作为各项工作的决策者、推动者、落实者，必须把观念能力作风建设作为一场必须打赢的硬仗，来一场观念能力作风的大革命、大提升、大风暴，以思想破冰引领发展突围，以能力提升赋能争先出彩，以作风转变促进担当实干，引导广大党员群众以全新理念、全新举措、全新状态，在新时代新征程上展现新气象新作为。要发扬善于"挤"和善于"钻"的钉钉子精神，爱读书、多读书、读好书，从书本中汲取智慧和营养，做到干什么学什么、缺什么补什么，注重理论武装、思想锤炼和党性锻炼，牢记国之大者、党之大者的政治自觉，强化牢记初心、践行使命的责任担当，激发奋斗不止、精进不怠的动力源泉，锻造拒腐防变、百毒不侵的金刚之躯；要把"学"的热情、"思"的深度、"谋"的主动、"干"的劲头有机结合起来，把广大党员、干部的精神提振起来、内生动力激发出来、发展活力释放出来，让想干事的有机会、能干事的有舞台、干成事的有位子；要"实"字当头、"干"字为先、"敢"字托底，通过思想观念、工作体系、工作能力的现代化，提高认识问题的洞见力、分析问题的穿透力、解决问题的驾驭力，既要善谋事，更要能干成事；既要重"面子"，更要重"里子"；既要重"显绩"，更要重"潜绩"，积极树立和营造求真务实、真抓实干的良好导向和浓厚氛围。

为政之要，首在得人。习近平总书记鲜明提出"信念坚定、为民服务、勤政务实、敢于担当、清正廉洁"的好干部标准，赋予了好干部新的时代内涵，是新时代干部的实践准则和奋斗方向。在新时代好干部标准中，"信念坚定"是好干部立身之本，领导干部在任何条件下，都要把改造主观世界、加强党性修养、加强品格陶冶作为必修课；"为民服务"是好干部为政之道，领导干部更应"公"字当头，以"民"为先，懂得"官"是为人民服务的岗位，"权"是为人民服务的工具；"勤政务实"是好干部履职之要，必须夙夜在公，勤勉工作，力戒空谈，做到决策条条算数，工作件件落实；"敢于担当"是好干部成事之基，领导干部要敢于探索、敢于实践、敢于负责；"清正廉洁"是好干部正气之源，领导干部应该时刻用党章、用共产党员标准要求自己，时刻自重自省自警自励，老老实实做人，踏踏实实干事，清清白白为官。在这五条标准之中，勤政务实主要是从实践角度，对领导干部为官从政、干事创业的观念作风、立场态度、价值取向等方面提出的要求。

"业精于勤荒于嬉，行成于思毁于随。"对领导干部来说，勤政务实始终是成为好干部永恒不变的主题、始终如一的标准。优秀是"干"出来的，不是"看"出来的；机遇是"忙"出来的，不是"等"出来的；硬功夫是"炼"出来的，不是"想"出来的；真功夫是"悟"出来的，不是"读"出来的。要把树牢正确权力观、政绩观、事业观的落脚点放到真抓实干上，坚持"实"字当头、"干"字为先，践行"不图一时之名"的政绩观、增强"时时放心不下"的责任感、永葆"讲规矩守底线"的敬畏心，破除急功近利心态、树立久久为功意识，鼓足干事创业的精气神、形成狠抓落实的好局面，咬定青山不放松、不达目的不罢休，努力在新的赶考之路上继续考出好成绩。

习近平总书记反复强调，社会主义是干出来的，新时代是奋斗出来的。在全面建设社会主义现代化国家新征程上，我们还有许多"雪山""草地"需要跨越，还有许多"娄山关""腊子口"需要征服。党员干部要坚持学思用贯通、知信行统一，坚持实事求是的思维路线和求真务实的工作作风，永葆"闯"的精神、"创"的劲头、"干"的作风，继续奋斗、勇往直前，努力创造经得起人民和历史检验的实绩。古人云："其身正，不令而行；其身不正，虽令不从。"如果党员干部说得到，做不到，甚至说的是一套，做的是另一套，必然失信于民，引起人民群众反感，损害党的形象。作为党员干部应该牢固确立求真务实的作风，始终保持昂扬向上的精神状态，加强艰苦创业、知难而进的劲头，站在一线做工作，深入基层抓落实，为担当者鼓劲、为干事者撑腰，在学思践悟中见真理、强信仰、铸忠诚，在调查研究中察实情、谋实策、求实效，在推动发展中下真功、聚民心、夯基础，在建章立制中固经验、破障碍、抓落实。

"政贵有恒，治须有常。"干事业好比钉钉子。钉钉子往往不是一锤子就能钉好的，而是要一锤一锤接着敲，直到把钉子钉实钉牢，钉牢一颗再钉下一颗，不断钉下去，必然大有成效。如果东一榔头西一棒子，结果很可能是一颗钉子都钉不上、钉不牢。要发扬钉钉子精神，不折腾、不反复，切实把工作干出成效来。发扬钉钉子精神，就要一张蓝图绘到底，稳扎稳打向前走，扫除"只传达不落实""只挂帅不出征""只绘图不施工"等形式主义、官僚主义现象，过了一山再登一峰，跨过一沟再越一壑，聚沙成塔、集腋成裘，积跬步以至千里、积小流以成江海，多做打基础、利长远的事。千丈之堤，以蝼蚁之穴溃；百尺之室，以突隙之烟焚。尽小者大，慎微者著。加强作风建设，只有落细落小，日积月累，多积尺寸之功，经常谨小慎微、防微杜渐、以小见大，"见一叶而知秋，窥一斑而知全豹"，才能达到滴水穿石、绳锯木断、铁杵成针的功效。逆水行舟，一篙不可放缓；滴水穿石，一滴不可弃滞。只有抓细抓小、常抓不懈，从个人做起、从小事改变，作风建设才能真正严起来、实起来。领导干部要有"功成不必在我"的境界和"功成必定有我"的担当，正确处理大我和小我的关系，长远利益、根本利益和个人抱负、个人利益的关系，多做打基础、利长远的事，不搞脱离实际的盲目攀比，不搞劳民伤财的"形象工程""政绩工程""面子工程"，既要善始也要善终，既要善作还要善成，以踔厉奋发、笃行不怠的精神状态直面困难挑战，以视名利淡如水、视事业重如山的良好心态对待得失，以只争朝夕、担当有为的奋斗姿态创造新的业绩。

塞罕坝精神

塞罕坝，意为"美丽的高岭"。历史上的塞罕坝森林茂密、水草丰沛。然而，经历了清朝晚期的无序砍伐和抗战时期侵略者的疯狂掠夺，到1949年时，昔日的美丽高岭已变成风沙漫天、草木凋敝的茫茫荒原。

20世纪60年代初，国家下决心在塞罕坝建一座大型机械国有林场，恢复植被，阻断沙源，筑起一道绿色长城。建场初期，来自全国各地的127名大中专毕业生和242名当地干部、职工，响应党和国家的号召，扎根在高寒干旱的茫茫荒原，拉开了大规模治沙造林的序幕。面对极端恶劣的工作和生活环境，来自五湖四海的塞罕坝人凭着坚韧的毅力，坚持"先治坡、后置窝，先生产、后生活"，吃黑夜面、喝冰雪水、住马架子、睡地窖子，顶风冒雪，垦荒植树。他们有的牺牲在荒原，有的落下终身残疾，涌现出许多可歌可泣的感人事迹。几代塞罕坝人牢记修复自然、保护生态的使命，艰苦创业、接续奋斗，建成了世界上面积最大的人工林场。

2017年8月，习近平总书记对河北塞罕坝林场建设者感人事迹作出重要指示指出，55年来，河北塞罕坝林场的建设者们听从党的召唤，在"黄沙遮天日，飞鸟无栖树"的荒漠沙地上艰苦奋斗、甘于奉献，创造了荒原变林海的人间奇迹，用实际行动诠释了绿水青山就是金山银山的理念，铸就了牢记使命、艰苦创业、绿色发展的塞罕坝精神。他们的事迹感人至深，是推进生态文明建设的一个生动范例。习近平总书记强调，全党全社会要坚持绿色发展理念，弘扬塞罕坝精神，持之以恒推进生态文明建设，一代接着一代干，驰而不息，久久为功，努力形成人与自然和谐发展新格局，把我们伟大的祖国建设得更加美丽，为子孙后代留下天更蓝、山更绿、水更清的优美环境。

2021 年 8 月，习近平总书记在塞罕坝林场考察时强调，塞罕坝林场建设史是一部可歌可泣的艰苦奋斗史。你们用实际行动铸就了牢记使命、艰苦创业、绿色发展的塞罕坝精神，这对全国生态文明建设具有重要示范意义。抓生态文明建设，既要靠物质，也要靠精神。要传承好塞罕坝精神，深刻理解和落实生态文明理念，再接再厉、二次创业，在实现第二个百年奋斗目标新征程上再建功立业。

三、清廉：清白做人、干净做事

清廉，即清白做人、干净做事，时刻把党和人民的利益放在首位，严格遵守党纪国法，坚持高尚的精神追求，永葆共产党人的浩然正气，切实做到拒腐蚀、永不沾，确保我们党永远不变质、不变色、不变味。清正廉洁是对人的行为及道德修养的基本要求，更是领导干部执政操守的核心品格，是从政道德的原则底线。"自古清官民赞颂，从来污吏法难容。"新时代领导干部必须要把清正廉洁放在首位，主动提高自己的政治站位，进一步严把廉洁从政之"门"，严守纪律作风之"规"，时刻自重自省自警自励，老实做人、踏实干事、清白为官，不断巩固风清气正的从政环境和政治生态。

对领导干部来说，廉洁自律既是一个永恒的话题，又是一个终身的课题，是领导干部的立身之本、处世之道和为政之要。廉洁自有正气来。一个人廉洁自律不过关，做人就没有骨气，做事就没有硬气，这是千古不变的道理。中国人历来强调"正心以为本，修身以为基"，强调"一念收敛，则万善来同；一念放恣，则百邪乘衅"。《七发》是汉代辞赋家枚乘的讽喻性赋作，赋中假设楚太子有病，吴客前去探望，通过互相问答，构成七大段文字。吴客认为楚太子的病因在于贪欲过度，享乐无时，不是一般的用药和针灸可以治愈的，只能"以要言妙道说而去也"。于是分别描述音乐、饮食、乘车、游宴、田猎、观涛等六件事的乐趣，一步步诱导太子改变生活方式；最后要向太子引见"方术之士"，"论天下之精微，理万物之是非"，太子乃霍然而愈。《七发》主旨是劝诫贵族子弟探究治理天下、修身养性的道理，不要纵情声色、贪恋安逸，对后世影响很大。毛泽东同志高度重视《七发》，在1959年8月，毛泽东专门写了一篇短文《关于枚乘〈七发〉》，配上《七发》原文，作为八届八中全会文件印发，在全国掀起了一阵《七发》热。毛泽东说："枚乘所说，有些像我们的办法，对犯错误的同志，大喝一声：你的病重极了，不治将死。然后，病人几天，或者几星期，或者几个月睡不着觉，心烦意乱，坐卧不宁。这样一来，就有希望了。"2017年1月6日，习近平总书记在第十八届中央纪律检查委员会第七次全体会议上讲话指出，西汉枚乘在《七发》中讲过一个引人深思的故事，楚太子生病，吴客诊断其病原为精神萎靡，开出的药方是学习探讨"要言妙道"，用道德调理自身，慢慢"阳气见于眉宇之间"，最后"霍然病已"。全面从严治党，既要靠治标，猛药去疴，重典治乱；也要靠治本，涵养文化，守住为政之本。习近平总书记讲述《七发》中的故事，是为了说明提升修养、坚定信仰，才能守住为政之本。正所谓，"本理则国固，本乱则国危"。习近平总书记常常强调"固本培元"，本就是根本、本心，本根不摇，才能汲取养分，枝繁叶茂；元就是灵魂、元气，元气充足，才能抵御邪气入侵，保持旺盛生命力。而根本，就在于坚定理想信念，提高党性修养。

两汉·枚乘《七发》节选

楚太子有疾，而吴客往问之，曰："伏闻太子玉体不安，亦少间乎？"太子曰："惫！谨谢客。"客因称曰："今时天下安宁，四宇和平，太子方富于年。意者久耽安乐，日夜无极，邪气袭逆，中若结轖。纷屯澹淡，嘘唏烦酲，惕惕怵怵，卧不得瞑。虚中重听，恶闻人声，精神越渫，百病咸生。聪明眩曜，悦怒不平。久执不废，大命乃倾。太子岂有是乎？"太子曰："谨谢客。赖君之力，时时有之，然未至于是也。"客曰："今夫贵人之子，必宫居而闺处，内有保母，外有傅父，欲交无所。饮食则温淳甘膬，腥醲肥厚；衣裳则杂遝曼暖，燀烁热暑。虽有金石之坚，犹将销铄而挺解也，况其在筋骨之间乎哉？故曰：纵耳目之欲，恣支体之安者，伤血脉之和。且夫出舆入辇，命曰蹶痿之机；洞房清宫，命曰寒热之媒；皓齿蛾眉，命曰伐性之斧；甘脆肥脓，命曰腐肠之药。今太子肤色靡曼，四支委随，筋骨挺解，血脉淫濯，手足堕窳；越女侍前，齐姬奉后；往来游醮，纵恣于曲房隐间之中。此甘餐毒药，戏猛兽之爪牙也。所从来者至深远，淹滞永久而不废，虽令扁鹊治内，巫咸治外，尚何及哉！今如太子之病者，独宜世之君子，博见强识，承间语事，变度易意，常无离侧，以为羽翼。淹沈之乐，浩唐之心，遁佚之志，其奚由至哉！"太子曰："诺。病已，请事此言。"

客曰："今太子之病，可无药石针刺灸疗而已，可以要言妙道说而去也。不欲闻之乎？"太子曰："仆愿闻之。"

……

客曰："将为太子奏方术之士有资略者，若庄周、魏牟、杨朱、墨翟、便蜎、詹何之伦，使之论天下之精微，理万物之是非。孔、老览观，孟子筹之，万不失一。此亦天下要言妙道也，太子岂欲闻之乎？"

于是太子据几而起，曰："涣乎若一听圣人辩士之言。"涩然汗出，霍然病已。

这个故事是说：楚国太子有病，有一位吴国客人去问候他，说："听说太子玉体欠安，稍微好点了吗？"太子说："还是疲乏得很！谢谢你的关心。"吴客趁机进言道："现今天下安宁，四方太平。太子正在少壮之年，料想是您长期贪恋安乐，日日夜夜没有节制。邪气侵身，在体内凝结堵塞，以至于心神不安，烦躁叹息，情绪恶劣像醉了酒似的。常常心惊肉跳，睡不安宁。心力衰弱，听觉失灵，厌恶人声。精神涣散，好像百病皆生。耳目昏乱，喜怒无常。病久缠身不止，性命便有危险。太子是否有这种症状呢？"太子说："谢谢你。靠国君的力量，使我能享受富贵，以至于经常得此病症，但还没有到你所说的这种地步。"吴客说："现在那些富贵子弟，一定是住在深宫内院，内有照料日常生活的宫女，外有负责教育辅导的师傅，想与其他人交游也不可能。饮食是温厚淳美、甘甜酥脆的食物和肥肉烈酒；穿着是重重叠叠的轻软细柔、暖和厚实的衣服。这样，即使像金石那样的坚质，尚且要消溶松解呢，更何况那筋骨组成的人体啊！所以说，放纵耳目的嗜欲，恣任肢体的安逸，就会损害血脉的和畅。出入都乘坐车子，就是麻痹瘫痪的兆头；常住幽深的住宅、清凉的宫室，就是伤寒和中暑的媒介；贪恋女色、沉溺情欲，就是摧残性命的利斧；甜食脆物、肥肉烈酒，就是腐烂肠子的毒药。现在太子皮肤太细嫩，四肢不灵便，筋骨松散，血脉不畅，手脚无力。前有越国的美女，后有齐国的佳人，往来游玩吃喝，在幽深的密室里纵情取乐。这简直是把毒药当作美餐，和猛兽的爪牙戏耍啊。这样的生活影响已经很深远，如果再长时间地拖延不改，那么即使让扁鹊来为您治疗体内的疾病，巫咸来为您祈祷，又怎么来得及啊！现在像太子这样的病情，需要世上的君子，见识广博、知识丰富的人，利用机会给您谈论外界的事物，以改变您的生活方式和情趣。应常让他们不离您的身旁，成为您的辅佐。那么沉沦的享乐、荒唐的心思、放纵的欲望，还能从哪里来呢！"太子说："好。等我病愈后，就照你这话去做。"

吴客说："现在太子的病，可以不用服药、砭石、针刺、灸疗的办法而治好，可以用中肯的言论、精妙的道理劝说而消除，您不想听听这样的话吗？"太子说："我愿意听。"

……

吴客说："那么我将给太子进荐博学而有理论的人中最有资望智略的，就像庄周、魏牟、杨朱、墨翟、便蜎、詹何一类的人物。让他们议论天下精深微妙的道理，明辨万事万物的是非曲直，再请孔子、老子这类人物为之审察评说，请孟子这类人物为之筹划算计，这样一万个问题也错不了一个。这是天下最切要最精妙的学说啊，太子难道想听听这些吗？”

于是太子扶着几案站了起来，说：“你的话真使我豁然清醒，好像一下子听到了圣人辩士的言论。”太子出了一身透汗，忽然之间病症全消。

经过百年艰苦奋斗，我们党团结带领全国各族人民，把贫穷落后的旧中国变成日益繁荣富强的新中国，中华民族伟大复兴展现出光明前景。进入新时代后，我们党既面临着难得的发展机遇，也面临着严峻复杂的风险挑战，需要认真对待“四大考验”和“四大危险”，切实解决好提高党的领导水平和执政水平、提高拒腐防变和抵御风险能力这两大历史性课题。党的先进性和党的执政地位都不是一劳永逸、一成不变的，过去先进不等于现在先进，现在先进不等于永远先进。只有以史为鉴、引以为戒，才能有效解决自身存在的突出问题，才能真正经受住执政的考验。革命道路无坦途。在百年发展历程中，我们党走过曲折弯路，也遭遇过重大挫折。但每次都能恪守初心、牢记使命，每次都敢于直面问题、勇于修正错误，所以每次都能在风雨险阻中化险为夷、转危为安。沧海横流，方显英雄本色；危难面前，更需责任担当。在新征程面前，全党必须敢于自我革命，敢于刀刃向内，敢于刮骨疗伤，敢于壮士断腕，在不断自我净化、自我完善、自我革新、自我提高的基础上，自觉做到信念过硬、政治过硬、责任过硬、能力过硬、作风过硬，毫不动摇地把我们党建设得更加坚强有力。

勇于自我革命，是我们党最鲜明的品格，也是我们党的最大优势。在党的百年奋斗中，我们党外靠发展人民民主、接受人民监督，内靠全面从严治党、推进自我革命，勇于坚持真理、修正错误，勇于刀刃向内、刮骨疗毒，保证了长盛不衰、不断发展壮大。

中国共产党领导的自我革命，就是中国共产党一以贯之坚持的党要管党、从严治党。在百年风雨的革命、建设、改革进程中，中国共产党形成了许多光荣传统、优良作风和政治优势。在新时代，仍然需要传承这些光荣传统、弘扬这些优良作风、发扬这些政治优势，不断加强党的自身建设，践行党的初心使命，始终保持党的先进性和纯洁性，坚持求真务实，着力在察实情、出实招、求实效上下功夫；坚持清正廉洁，着力在廉养心、廉用权、廉从政上下功夫；勇于自我革命，着力在纠"四风"、树新风、育清风上下功夫，真正做到立党为公、执政为民，自觉将党的自我革命进行到底。

中国共产党的先进性、纯洁性不是天生的，而是在不断自我革命中淬炼而成的。作为百年大党、世界最大执政党，我们党历经千锤百炼仍朝气蓬勃，根本原因就在于党敢于直面自身存在的问题。从首部党章设纪律专章到党的五大设立中央监察委员会，从"窑洞对"到"进京赶考"，从"两个务必"到"三个务必"，从"反腐倡廉建设"到"全面从严治党"，我们党的百年奋斗史就是一部以伟大自我革命引领伟大社会革命、以伟大社会革命促进伟大自我革命的不懈奋斗史。1957年11月17日，毛泽东同志在莫斯科大学面对数千名中国留苏学生和实习生提出："世界上怕就怕'认真'二字，共产党就最讲'认真'。"只要真管真严、敢管敢严、长管长严，而不是管一阵放一阵、严一阵松一阵，就没有什么解决不了的问题，就不至于使小矛盾积重难返、小问题酿成大患。世间事，做于细，成于严。我们党是一个拥有9900多万名党员、510多万个基层党组织的大党，如果管党不力、治党不严，党内突出问题得不到有效解决，我们就会出现大问题。苏共在拥有20万党员的时候，建立苏维埃政权；在拥有200万多名党员时，领导人民打败了不可一世的德国法西斯；而在取得伟大胜利、拥有近2000

万名党员时，却忽视了作风建设，导致思想腐化、贪图享乐、腐败盛行，最终失去群众、失去民心、丧失政权。殷鉴不远，警钟长鸣。苏共亡党亡国的教训，我们不可不察也。

"窑洞对"

1945 年 7 月 1 日，黄炎培、冷遹、褚辅成、章伯钧、左舜生、傅斯年等六位国民政府参政员，应中共中央和毛泽东主席的邀请，为推动国共团结商谈，飞赴延安访问。黄炎培在延安看得很仔细，过得也很舒心。7 月 4 日下午，毛泽东邀请黄炎培到他住的窑洞里做客，整整长谈了一个下午，这次谈话促使黄炎培从延安回来撰写一本书，叫《延安归来》。在书中黄炎培回忆了他和毛泽东的这段谈话，就是关于国家兴衰"历史周期率"的内容。

毛泽东问："任之先生，这几天通过你的所见所闻，感觉如何？"黄炎培直言相答："我生六十余年，耳闻的不说，所亲眼见到的，真所谓'其兴也浡焉，其亡也忽焉'，一人，一家，一团体，一地方，乃至一国，不少单位都没有能跳出这周期率的支配力。大凡初时聚精会神，没有一事不用心，没有一人不卖力，也许那时艰难困苦，只有从万死中觅取一生。既而环境渐渐好转了，精神也就渐渐放下了。有的因为历时长久，自然地惰性发作，由少数演为多数，到风气养成，虽有大力，无法扭转，并且无法补救。也有为了区域一步步扩大了，它的扩大，有的出于自然发展，有的为功业欲所驱使，强求发展，到干部人才渐见竭蹶，艰于应付的时候，环境倒越加复杂起来了，控制力不免趋于薄弱了。一部历史，'政怠宦成'的也有，'人亡政息'的也有，'求荣取辱'的也有。总之没有能跳出这周期率。中共诸君从过去到现在，我略略了解了的，就是希望找出一条新路，来跳出这个周期率的支配。"

对黄炎培的这一席耿耿诤言，毛泽东庄重地答道："我们已经找到新路，我们能跳出这周期率。这条新路，就是民主。只有让人民来监督政府，政府才不敢松懈。只有人人起来负责，才不会人亡政息。"黄炎培听了毛泽东的回答，十分高兴，他说："这话是对的，只有把大政方针决之于公众，个人功业欲才不会发生。只有把每个地方的事，公之于每个地方的人，才能使地地得人，人人得事。用民主来打破这个周期率，怕是有效的。"

党的十八大以来，以习近平同志为核心的党中央以八项规定为突破口，以上率下，以猛药去疴、重典治乱的决心，以刮骨疗毒、壮士断腕的勇气开展党风廉政建设和反腐败斗争，坚定不移"打虎""拍蝇""猎狐"，打出了一套自我革命的"组合拳"，全面从严治党取得了历史性、开创性成就。从党的十八大至党的二十大，全国纪检监察机关共立案464.8万余件，其中，立案审查调查中管干部553人，处分厅局级干部2.5万多人、县处级干部18.2万多人。特别是党的十九大以来，纪检监察机关查处涉嫌贪污贿赂犯罪7.4万多人，其中首次贪腐行为发生在党的十八大前的占48%，首次贪腐行为发生在党的十九大后的占11%。这充分表明，不收敛不收手的问题得到有力遏制，减存量遏增量有力有效，反腐败斗争已经取得压倒性胜利并全面巩固。踏上全面建设社会主义现代化国家新征程，我们必须牢记，全面从严治党永远在路上，党的自我革命永远在路上，决不能有差不多、松口气、歇歇脚的想法。我们党必须永葆自我革命精神，筑牢思想道德防线，增强拒腐防变能力，始终坚持严的主基调不动摇，以永远在路上的清醒和坚定，把全面从严治党引向深入。

治国必先治党，治党务必从严。在新时代，我们党必须以党的自我革命来推动党领导人民进行的伟大社会革命，坚持底线思维、增强忧患意识，发扬斗争精神、提高执政能力，把我们党建设成为始终走在时代前列、人民衷心拥护、勇于自我革命、经得起各种风浪考验、朝气蓬勃的马克思主义执政党。领导干部要牢记清廉是福、贪欲是祸的道理，树立正确的权力观、地位观、利益观，任何时候都要稳得住心神、管得住行为、守得住清白，保持乘势而为、顺势而上的政治清醒，保持不进则退、慢进亦退的忧患意识，保持为官一任、造福一方的为民情怀，保持干净干事、勤廉担当的工作作风，清清白白做人、干干净净做事、堂堂正正为官，做一个清白干净、清廉正派之人。第一，要守住政治关，不当"两面人"。首关不过，余关莫论。必须把党的政治建设摆在更加突出位置，始终保持对"赶考"的清醒、对"腐蚀"的警觉，把严的主基调长期坚持下去，以正确的政治方向、清正的政治生态、纯洁的政治本色，不断提高政治判断力、政治领悟力、政治执行力。第二，要守住权力关，保持敬畏心。领导干部必须牢记党的宗旨，践行党的宗旨，始终把实现好、维护好、发展好最广大人民群众的根本利益作为一切工作的出发点和落脚点。第三，要守住交往关，净化朋友圈。要多交光明磊落、作风正派的良友，多交学识渊博、阅历丰富的益友，在品德上相互砥砺，学问上相互切磋，事业上相互支持。要乐交畏友诤友，坦诚相待、交心共勉，虚心听取意见，乐于接受批评，有则改之、无则加勉，时时反躬自省，汲取教训。第四，要守住生活关，擦亮清廉色。时刻牢记"堤溃蚁孔，气泄针芒"的古训，自觉加强党性修养，坚持以党的要求、人民群众的期盼衡量自身言行，守得住根本、经得住考验、抵得住诱惑，名利上要淡泊而知足、心态上要积极而健康，真正不为物欲所惑、不受贪欲所害、不因金钱而驻足、不因美色而沉沦，筑牢廉洁从政的思想防线。第五，要守住亲情关，严明家教风。领导干部要带头树立家庭美德，培育良好家风，不能为"枕边风""桌上语""家中话"模糊了公私界限，不能因亲情亲属而放松了对底线的坚守，决不能允许家人亲属利用自己手中的权力和影响力谋取不当利益。

刘铁男案：父与子的罪与罚

2014 年 12 月 10 日，河北廊坊中院对国家发改委原副主任、国家能源局原局长刘铁男受贿一案作出一审判决，以受贿罪判处刘铁男无期徒刑，剥夺政治权利终身。

刘德成生于 1985 年，系刘铁男之子。刘德成 18 岁在刘铁男的安排下赴加拿大与父亲安排的商人形成了利益共同体，利用父亲职权获得的巨额资金，不少用于购买跑车、别墅等开销。在 2005 年开始收受大额贿赂的时候，刘德成才 21 岁。刘德成在他 21 岁的时候，就拥有了一个 30 多万元的轿车；在他 22 岁的时候，就有人把 750 万元汇入到他的账户；在他 23 岁到 25 岁的时候，他已经成为千万元户；而在 2007 到 2011 年这几年的时间，他没有上班，却挂名领薪 121 万元。

公诉人在庭审中称，对子女的溺爱是本案的特点之一，刘铁男所涉及的 5 起受贿案件中，除了 4 万元和装修款是其直接收受外，其他均与其子刘德成（另案处理）有关，刘德成由此被称为"最坑爹"儿子。刘铁男在庭审中痛哭流涕地说，"因为我的过错把孩子也毁了，让他走上歧途，我对他的犯错误，养不教，父之过，对他的犯罪我应该负全部和根本的责任"。法院判决书显示，在刘铁男涉及的 3558 万余元财物中，通过儿子刘德成收受的达到 3400 余万元。而儿子的贪婪，则直接源自父亲的言传身教。事实上，刘铁男受贿的部分事实与其子刘德成关系甚大，甚至警方也是以刘德成为突破口，从而揭开了整个贪腐大案。被关进冰冷的铁窗后，刘德成悔恨地说："如今觉得当时我们父子都错了，抛开以权谋私不说，我们的人生观、价值观就错了，奋斗的原动力就错了，这也是我们父子犯罪的一个共同原因。"

结束语　做忠诚干净担当的新时代党员干部

　　建设一支高素质专业化干部队伍是深入推进新时代党的建设新的伟大工程的重要内容。习近平总书记提出了新时代好干部的"五条标准"：信念坚定、为民服务、勤政务实、敢于担当、清正廉洁。这也是新时代高素质干部队伍的鲜明特征和基本要求。中华民族历来明大义、讲气节，主张舍生取义，杀身成仁，讲求"天地有正气"，为了天地之间的正义事业，可以牺牲小我、成全大我。陶渊明淡泊明志，清廉正直，宁愿采菊东篱、种豆南山，也"不为五斗米折腰"；文天祥坚信"人生自古谁无死，留取丹心照汗青"，宁死不屈，慷慨赴死；朱自清宁可饿死，也不领美国的"救济粮"；闻一多横眉怒对敌人的子弹，宁可倒下也不屈服。中国共产党人在马克思主义理论武装下，在长期的革命、建设、改革发展过程中，不仅继承了中华民族的这些优秀品格，而且还将其继续发扬光大。中国共产党人的优秀品格很多，为民造福、不怕吃苦、敢于牺牲、顽强奋斗、信念坚定等精神品格都体现了党的性质、彰显了党的宗旨、反映了民族精神、体现了时代要求。在这些诸多的精神风尚、精神品质和精神状态中，"忠诚干净担当"可谓是这些优秀精神品格的集中体现。

忠诚，是一种坚定的信念和追随。古人云："天下之德，莫过于忠。"忠诚老实、坚守道义，被看作是最重要的道德规范，体现了对人的精神、文化价值的敬重，体现了道德价值的无上崇高地位，是中华民族优秀文化的精髓。"忠、孝、仁、爱、信、义、和、平"被称为"八德"，"忠"列"八德"之首。"忠"不仅被看作是个人的"修身之要"，而且被定为"天下之纪纲""义理之所归"。忠诚是共产党人的价值原点和政治底色，"对党忠诚老实"是党员务必履行的首要义务。对党忠诚，是共产党员的党性原则和政治品质，是保持党的先进性、纯洁性的政治基础，是推进事业发展的政治保证。对党忠诚，是党员对党的庄严承诺，是党员对党组织认同感和归属感的集中体现，是党组织的凝聚力和战斗力的力量源泉。对党忠诚，贯穿于中国共产党革命、建设和改革时期的始终。党员干部对党忠诚，就是要忠于党、忠于国家、忠于人民，就是要与党中央保持高度一致，就是要为中国特色社会主义事业、为共产主义理想不懈奋斗。对于党员干部来说，对党忠诚就是最根本的政治品质，是坚强党性的基本要求。党章中明确规定，共产党员要"对党忠诚老实"，入党誓词中也要求"对党忠诚，永不叛党"。党员干部如果丧失了对党的忠诚，就丧失了作为共产党员的最起码的资格。

　　干净是共产党人的政治操守。一切权力属于人民。党员干部手中的权力是党和人民赋予的，是为党和人民做事用的，只能用来为党分忧、为国干事、为民谋利。大道至简，有权不可任性，法无授权不可为、法定职责必须为。党员干部要想做到个人干净，必须严以律己、严以用权。现在，有些干部把权力用偏了、用歪了、用邪了。有的把公权力当成谋私利的工具；有的不与组织交心交肺，却与利益相关人勾肩搭背，大搞利益输送；有的心存侥幸，对中央三令五申置若罔闻，对反"四风"高压势态视而不见，不收敛不收手；还有个别部门和干部仍存在软拖硬磨、吃拿卡要等现象。究其根源，主要是公私天平失衡、法纪意识淡薄。"一心可以丧邦，一心可以兴邦，只在公私之间尔"，党员干部犯不犯错误，往往也在一念之间。如果凡事出于公心，为国计民生计，就会自觉严以律己、严以用权。如果奉行"人不为己天诛地灭、有权不用过期作废"，必然腐化堕落、以权谋私、贪赃枉法。如果心中无党纪、眼里无国法，出事是必然，不出事才是偶然。作为党员干部，我们入了党，就意味着多尽义务、多付出，就要听组织的话，就要讲纪律，就要以严的标准要求自己。每个人都有利益追求，要正确处理欲壑难填和坚守理想的关系，把自己的物欲追求设定在一定范围内。作为党员干部，要做善良、诚实、透明的人，心要干净，不能整天想着发财，不要看到别人挣钱多就眼红；手要干净，不该拿的、不该动的、不该触摸的不要动。"公生明、廉生威"，心净了、手净了，身上自然也就干净了，在群众中的威信威望自然也就更高了。每一名党员干部都要强化党纪党规学习，熟悉和践行应知应会党内法规和国家法律清单，在思想上政治上行动上与党中央保持高度一致，在重大政治原则问题上旗帜鲜明、立场坚定，坚决维护党纪国法的权威，使纪律真正成为带电的高压线。

担当就是承担并负起责任，是人们在职责和角色需要的时候，毫不犹豫，责无旁贷地挺身而出，全力履行自己的义务，并在承担义务当中激发自己的全部能量。担当是一种责任，一种自觉，一种境界，一种修养。习近平总书记对敢于担当精神的内涵作了"五个敢于"的高度提炼和深刻阐释："党的干部必须坚持原则、认真负责，面对大是大非敢于亮剑，面对矛盾敢于迎难而上，面对危机敢于挺身而出，面对失误敢于承担责任，面对歪风邪气敢于坚决斗争"。① 担当是一种精神、境界和力量。言必信、行必果，身体力行，言行一致，说到就要做到，要求他人做到的，自己首先做好。讲自己做的、做自己说的、行自己立的。讲得人信、做得人服、行得人敬。担当，体现的是事业心、责任心和行动力。建功立业始于点滴，合抱之木，生于毫末；九层之台，起于累土；千里之行，始于足下。无论在什么岗位、做什么工作，都要把全部热情和精力投入进去，脚踏实地、戒除浮躁、忠于职守，正确看待人生、正确看待事业、正确处理问题，练就担当的铁肩膀、磨出成事的真本领、融入奋进的新时代，努力创造出无愧于时代和职责的新业绩。

忠诚需要坚定信仰，干净需要廉洁用权，担当需要提升能力。忠诚、干净与担当都是共产党员不可或缺的重要品质。当前，中国特色社会主义进入了新时代，我们也已经开启了全面建设社会主义现代化国家新征程，这是一个催人奋进、呼唤担当的新时代，这是一个大有可为、大有作为的新征程。我们要认清形势任务，在知责明责中增强使命感；心系"国之大者"，在担事任事中当好排头兵；厚植为民情怀，在亲民爱民中涵养公仆心；勇于担当作为，在

---

① 习近平：《努力造就一支忠诚干净担当的高素质干部队伍》，《求是》2019 年第 2 期。

磨炼淬炼中扛起千钧担；守牢廉洁底线，在敬权慎权中炼就金刚身，切实把忠诚作为从政之魂，把干净作为立身之本，把担当作为成事之要。在新时代新征程上，让我们昂起胸膛坚定自信，挺直腰杆拿出勇气，练就肩膀挑起大梁，撸起袖子加油干，风雨无阻向前行，勇敢担负起党和国家交给的各项重任，用铁一般信仰、铁一般信念、铁一般纪律、铁一般担当，彰显对党的无限忠诚、对国家的无限热爱，做出更多更大经得起历史和人民检验的成绩，成就更加有意义的人生。

后　记

事业要先导，观念须先行。人的思想观念变革是推动高质量发展的先行性因素，必须抓住领导干部这个"关键少数"，教育引导广大党员干部牢固树立正确的世界观、人生观、价值观和权力观、政绩观、事业观，切实解决好思想"总开关"、事业"总抓手"和工作"总闸门"这个根本问题。党员干部的权力观、政绩观、事业观是世界观、人生观、价值观的重要体现。习近平总书记多次指出，各级领导干部要树立正确的权力观、政绩观、事业观，不断提高思想觉悟、精神境界、道德修养，使自己的思维方式和精神世界更好适应事业发展需要，切实做到为官一任、造福一方。

本书以习近平新时代中国特色社会主义思想为指导，深入学习贯彻习近平总书记关于树立正确的权力观、政绩观、事业观的重要论述，紧紧围绕为什么要树立正确的权力观、政绩观、事业观，正确的权力观、政绩观、事业观的核心要求是什么，以及如何才能牢固树立正确的权力观、政绩观、事业观等重要问题，进行系统全面的阐释解读，对广大党员干部进一步从思想上解决好权力为谁而用、政绩为谁而树、事业为谁而干的问题，做到对党忠诚、个人干净、敢于担当，永葆为民务实清廉的政治本色，具有较好的帮助借鉴作用。

本书聚焦用党的创新理论武装全党、教育人民这个首要政治任务，坚持政治性和学理性相统一、思想性和实践性相统一、价值性和知识性相统一，把"学思想"和"建新功"紧密结合，把"世界观"和"方法论"相互贯通，把"讲道理"和"讲故事"有机融合，着力把科学的思想讲彻底，把深刻的理论讲鲜活。

本书是国家社科基金重大项目"干部忠诚干净担当的评价指标体系构建与应用研究"（项目编号 22&ZD031）的重要阶段性成果。在编写过程中参考了专家学者的观点和论述，限于本书体例没有一一列出，在此表示致歉和感谢。由于作者理论水平有限，实践经验不足，本书的错误纰漏之处在所难免，对此恳请广大读者批评指正。

秦　强

2024 年 10 月